Björn Freitag

KLEINE ZAUBEREIEN

Verführerische Snacks aus der Sterneküche

Fotografiert von Hubertus Schüler

südwest

Dieses Buch widme ich meinem stellvertretenden Küchenchef und Freund, David Spickermann. Mit Dank und Anerkennung für sein kreatives Engagement.

VORWORT

Klein, aber fein!

Kleine Gerichte sind wie geschaffen für fantasievolle Kombinationen, konzentrierte Geschmackserlebnisse und Überraschungen, die für einen Hauptgang bereits zu würzig oder zu aromatisch sein könnten.

Kleine Gerichte passen bei jeder Gelegenheit – zu einem Galadiner genauso gut wie zu einem kühlen Glas Bier mit Freunden. Oft lassen sie sich aus vorbereiteten Fonds und Basics mit vergleichsweise geringem Aufwand fertigstellen und eignen sich daher wunderbar für die Zubereitung im Beisein der Gäste.

Dem Koch bieten sie die Möglichkeit, im besten Wortsinn auch Gastgeber zu bleiben, während er die kleinen Leckereien fantasievoll zubereitet, anrichtet und serviert.

In diesem Buch habe ich für Sie kleine, aber intensive und abwechslungsreiche Geschmackserlebnisse zusammengestellt, die vor allem von der mediterranen und der regionalen deutschen Küche inspiriert sind.

Viel Spaß beim Vorbereiten und Genießen!

Björn Freitag

Kleine Speisen

Dieses Buch widmet sich ganz und gar den kleinen Überraschungsgängen, den Vorspeisen, den Zwischengängen und den raffinierten Nachspeisen. In anderen Länderküchen haben kleine Speisen in Form von Tapas, Antipasti und Amuse-Gueule nicht nur in der feinen Küche lange Tradition. Aber auch hierzulande gewinnen diese unkomplizierten und geschmacksreichen „Kleinigkeiten" rasant Freunde. Die Abwechslung und intensive Geschmackserlebnisse stehen dabei im Vordergrund. Die Gerichte sollen durch Raffinesse überzeugen, nicht durch Menge.
Bitte denken Sie daran: Auch wenn sich das eine oder andere Rezept wie ein Hauptgericht anhört – satt werden Sie oder Ihre Gäste davon wahrscheinlich nicht. Möchten Sie ein Gericht klassisch als Hauptgang servieren, sollten Sie die Zutaten entsprechend großzügiger kalkulieren.

Basics für jeden Tag

Im hinteren Teil des Buches wurden für Sie Basic-Rezepte zusammengestellt, wie zum Beispiel Fonds, Dressings, Dips, Saucen und ausgefallene Beilagen. Diese Grundlagen passen zu vielen Gerichten oder Rezepten und lassen sich immer wieder neu kombinieren.

INHALT

KLEINE VEGETARISCHE SPEISEN

ZUTATEN

für 4 Personen

500 g	Kartoffeln (mehlig kochend, mittelgroß)
200 g	Meersalz (grob)
50 g	Hartweizengrieß
100 g	Mehl
1	Ei
2 Zweige	Thymian (frisch)
	Salz
	schwarzer Pfeffer (aus der Mühle)
	Muskatnuss (frisch gerieben)
50 ml	Gemüsebrühe
1 EL	Butter
150 g	Ziegenfrischkäse
2	Feigen (frisch)
2 EL	Feigensenf
2 EL	Honig
200 g	Rucola

ZUBEREITUNG

ca. 20 Minuten (plus ca. 60 Minuten Garzeit)

Die **Kartoffeln** (500 g) waschen, auf ein Backblech legen und mit **Meersalz** (200 g) bestreuen. Im vorgeheizten Ofen bei 180 °C je nach Größe etwa 50 bis 60 Minuten garen. Noch warm pellen und durch eine Kartoffelpresse drücken. Mit **Hartweizengrieß** (50 g), **Mehl** (100 g) und **Ei** (1) vermengen und mit gehacktem **Thymian** (2 Zweige), **Salz**, **Pfeffer** und frisch geriebener **Muskatnuss** abschmecken. Gründlich durchkneten, bis die Masse trockener wird. Dann zu langen Rollen formen und mit einem Esslöffel kleine Nocken abstechen. Diese Gnocchi in siedendem Salzwasser kochen, bis sie oben schwimmen, herausnehmen und anschließend in dem Fond aus **Gemüsebrühe** (50 ml) und **Butter** (1 EL) schwenken.

Ziegenfrischkäse (150 g) und **Feigen** (2) fein würfeln, über die Gnocchi streuen und auf der mittleren Schiene im vorgeheizten Ofen (Stufe: Grillen, ca. 250 °C) goldbraun gratinieren (ca. 3 Minuten). **Feigensenf** (2 EL) und **Honig** (2 EL) warm verrühren, in dünnen Fäden über die gratinierten Gnocchi ziehen und mit dem gewaschenen und geputzten **Rucola** (200 g) garnieren.

Gnocchi mit Ziegenfrischkäse gratiniert

an Feigen und Rucola

FEIGEN

DIE SÜSSEN ALLESKÖNNER

Feigen gewinnen noch mehr an köstlichem Aroma, wenn man sie vor dem Genuss noch ein wenig in die Sonne legt. Sie eignen sich für würzige, aber auch für süße Kombinationen, zum Beispiel mit luftgetrocknetem Schinken, mit Büffelmozzarella oder als Obstsalat mit frischen Brombeeren.

Kartoffeltarte

mit Ziegenkäse

ZUBEREITUNG

ca. 90 Minuten

Kartoffeln 200 g waschen und nur knapp mit Wasser bedeckt ca. 25 Minuten kochen, etwas abkühlen lassen und noch warm pellen. **Mehl** 200 g in eine Schüssel geben, **Butter** 100 g in kleinen Würfeln, **Ei** 1 und **Salz** hinzufügen und mit den Knethaken des Handrührers zu einem geschmeidigen Teig verarbeiten. Zu einer Kugel formen und etwa 30 Minuten kühl stellen. Nun den Teig dünn ausrollen, ausstechen und auf 4 gefettete Tarteförmchen (ca. 10 cm Durchmesser) verteilen. Pergamentpapier darauflegen, mit den **Hülsenfrüchten** 250 g beschweren und ca. 15 Minuten im vorgeheizten Ofen bei 200 °C blindbacken. 4 gleich dicke Scheiben von dem **Ziegenkäse** 250 g abschneiden und beiseitelegen. Den restlichen Ziegenkäse sowie die gekochten Kartoffeln fein würfeln und mit **Crème double** 100 g und **Ei** 1 vermischen. **Schnittlauch** ca. 1/2 Bund abbrausen, fein hacken und ca. 2 Esslöffel davon ebenfalls untermischen. Mit **Salz** und **Pfeffer** abschmecken. Hülsenfrüchte und Pergamentpapier von den Tarteförmchen entfernen, dann die Kartoffel-Ziegenkäse-Masse auf den Teigböden verteilen, mit den Käsescheiben belegen und weitere 20 bis 25 Minuten backen.

Diese Tarte kann man sowohl warm als auch kalt servieren und zum Beispiel mit etwas **Brunnenkresse** dekorieren. Anstelle des Ziegenkäses kann auch Mozzarella verwendet werden.

ZUTATEN

für 4 Personen

200 g	Kartoffeln (mehlig kochend)
200 g	Mehl
100 g	Butter
2	Eier
	Salz
250 g	Hülsenfrüchte (getrocknet, zum Blindbacken)
250 g	Ziegenkäse (z. B. „Picandou" oder „St. Maure")
100 g	Crème double
ca. 1/2 Bund	Schnittlauch
	schwarzer Pfeffer (aus der Mühle)
	Pergamentpapier

Dekorationsempfehlung

Brunnenkresse

Parmesanflan

mit Pilzen und Oliven

ZUBEREITUNG

ca. 20 Minuten (plus ca. 30 Minuten Garzeit)

Schalotten schälen, fein hacken und danach in **Butter** weich dünsten.
2 1 EL
Champignons putzen, fein hacken und dazugeben. **Knoblauch**
200 g 1 Zehe
schälen und darüberpressen. Mit etwas **Salz** und **Pfeffer** würzen
und so lange dünsten, bis fast alle Flüssigkeit verdampft ist. In der
Zwischenzeit die **Oliven** fein hacken. Dann zusammen mit den
50 g
Zitronenthymian-Blättchen zu den Pilzen geben. Den **Parmesan**
von 1 Zweig 80 g
frisch darüberreiben.

Souffléförmchen mit der restlichen **Butter** einfetten. Die **Eier**
1 EL 4
mit der **Milch** verquirlen, mit **Salz, Pfeffer** und **Muskatnuss**
200 ml 1 Prise
abschmecken, dann die Pilzmasse unterziehen und in die Förmchen gießen. Diese mit Alufolie verschließen und in einen breiten Topf stellen. Mit kochendem Wasser umgießen und bei milder Hitze zugedeckt etwa 30 Minuten garen. Mit einem spitzen Messer den Flan vom Förmchenrand lösen, auf Teller stürzen und mit frischen **Kräutern** garnieren.

ZUTATEN

für 4 Personen

2	Schalotten
2 EL	Butter
200 g	Champignons (weiß)
1 Zehe	Knoblauch
	Salz
	schwarzer Pfeffer (aus der Mühle)
50 g	Oliven (schwarz, trocken eingelegt, ohne Kerne)
1 Zweig	Zitronenthymian
80 g	Parmesan
4	Eier
200 ml	Milch
1 Prise	Muskatnuss (frisch gerieben)
	Kräuter nach Wahl (zum Garnieren)

ZUTATEN

für 4 Personen

Zartweizenrisotto

300 g	Blattspinat
	Eiswürfel
2	Zwiebeln (klein)
2 EL	Pflanzen- oder Olivenöl
	Salz
	schwarzer Pfeffer (aus der Mühle)
	Muskatnuss (frisch gerieben)
200 g	Zartweizen
2 EL	Butter
100 ml	Gemüsebrühe
2 EL	Parmesan (frisch gerieben)
1 EL	Crème fraîche

Knusprige Pastinakenscheiben

3	Pastinaken
	Salz
2 EL	Senf (körnig)
2 EL	Senf (mittelscharf)
	schwarzer Pfeffer (aus der Mühle)
	Mehl
2 EL	Butterschmalz

Geschmolzene Tomaten

200 g	Cherry-Tomaten
	Olivenöl
	Salz

ZUBEREITUNG

ca. 40 Minuten

Zartweizenrisotto

Den **Blattspinat** (300 g) waschen, putzen und in kochendem Wasser 8 Minuten blanchieren. In **Eiswasser** abschrecken. Eine **Zwiebel** (1) schälen, grob würfeln und in **Öl** (2 EL) glasig anschwitzen. Mit **Salz, Pfeffer** und **Muskatnuss** würzen und zusammen mit dem Spinat im Mixer zu einem glatten Püree vermischen. **Zartweizen** (200 g) in sprudelnd kochendem Wasser ca. 10 Minuten kochen und dann abschütten. Zweite **Zwiebel** (1) schälen, fein würfeln und in einem Topf mit **Butter** (2 EL) anschwitzen. Dann die **Gemüsebrühe** (100 ml) angießen und etwas einköcheln lassen. Den Zartweizen zufügen, mit **Salz, Pfeffer, Parmesan** (2 EL) und **Crème fraîche** (1 EL) abschmecken und abschließend das noch warme Spinatpüree unterziehen.

Knusprige Pastinakenscheiben

Die **Pastinaken** (3) schälen, in etwa 1 cm breite Scheiben schneiden und in **Salzwasser** ca. 5 Minuten kochen. Die beiden **Senfsorten** (je 2 EL) verrühren und auf eine Seite der Pastinakenscheiben streichen. **Salzen, pfeffern** und mit **Mehl** bestäuben. Dann in einer Pfanne mit **Butterschmalz** (2 EL) auf der Senfseite braten.

Geschmolzene Tomaten

Die **Cherry-Tomaten** (200 g) waschen und in einer zweiten Pfanne mit **Olivenöl** bei mittlerer Hitze so lange braten, bis sie geschmolzen aussehen und die Haut leicht aufplatzt. Wenn sie leicht angebräunt sind, noch mit etwas **Salz** abschmecken.

Das Risotto in einen tiefen Teller geben, die Pastinakenscheiben daraufsetzen und die Tomaten an der Seite platzieren.

Grünes Zartweizenrisotto

mit knusprigen Pastinakenscheiben und geschmolzenen Tomaten

ZWIEBELN

FREUDENTRÄNEN FÜR DEN GESCHMACK

Mit diesem bedeutenden Gemüse verbindet uns seit über 5.000 Jahren eine tränenreiche Beziehung. Ob Speise-, Gemüse-, Lauch- oder Perlzwiebeln, ob rote, weiße oder andere Sorten: Zwiebeln sind das A und O in unserer Küche. Sie sind das Herzstück unserer Schmorgerichte, Eintöpfe, Currys und Saucen.

Ich empfehle Gemüsezwiebeln zu Schmorgerichten, blanchierte Schalottenwürfel zum Beispiel für Tartar, rote Zwiebeln für Salate oder zum Matjes und weiße vorwiegend zum Einlegen.

Zwiebeln sind unverzichtbar wie Salz und Pfeffer – da kann man schon mal eine Träne verdrücken.

KLEINE SPEISEN MIT FLEISCH

Geflügel-Dim-Sum

mit Kerbelbutter

ZUBEREITUNG

ca. 30 Minuten

Geflügelfarce

Das gekühlte **Fleisch** [200 g] in Würfel schneiden und erst mit den **Eiswürfeln** [2] im Mixer grob zerkleinern. Dann langsam das **Eiweiß** [1] und die **Sahne** [150 ml] zugießen und zu einem feinen Püree verarbeiten. Mit **Salz** [1 TL] und weißem **Pfeffer** [1 Msp.] abschmecken, durch ein Sieb streichen und wieder kühlen.

Kerbelbutter

Petersilie [1/2 Bund] und **Kerbel** [1 Bund] waschen, abtropfen lassen, einige Zweige für die Garnitur beiseitelegen, den Rest ganz fein hacken. Dann die **Butter** [100 g] mit einem Handrührer ca. 5 Minuten aufschlagen, bis sie weiß wird. Die gehackten Kräuter unterrühren und mit **Salz** und **Pfeffer** abschmecken.

Dim Sum

Die **Wan-Tan-Blätter** [16] auftauen lassen, dabei mit einem feuchten Tuch abdecken, damit sie nicht austrocknen. Die **Hühnerbrust** [1] enthäuten, fein würfeln und mit der **Geflügelfarce** [100 g] vermengen. (Den Rest der Geflügelfarce kann man für den späteren Gebrauch einfrieren. Uneingefroren sollte die Farce spätestens am nächsten Tag verwendet werden.) Dann mit **Salz**, **Pfeffer** und der **Chilisauce** [2 EL] würzen und etwa esslöffelgroß auf den Wan-Tan-Blättern verteilen. Die Ränder der Teigblätter dünn mit **Eiweiß** bestreichen und dann Teigblätter zu einem Dreieck klappen. Den **Geflügelfond** [500 ml] bei mittlerer Hitze erwärmen und die Dim Sum ca. 15 Minuten darin ziehen lassen. Die **Kerbelbutter** [3 EL] schmelzen und anschließend die Teigtaschen darin schwenken.

In einem tiefen Teller anrichten und nach Belieben mit **Kerbelblättchen**, **Petersilie** und **gemahlenem Pfeffer** garnieren.

ZUTATEN

für 4 Personen

100 g	*Geflügelfarce*
	aus:
200 g	schieres Fleisch (ohne Fett und Sehnen)
2	Eiswürfel
1	Eiweiß
150 ml	Sahne
1 TL	Salz
1 Msp.	weißer Pfeffer (frisch gemahlen)
	Kerbelbutter
1/2 Bund	Petersilie (glatt)
1 Bund	Kerbel
100 g	Butter (weich)
	Salz
	weißer Pfeffer (frisch aus der Mühle)
	Dim Sum
16 Blätter	Wan-Tan-Teig (TK)
1	Hühnerbrust
	Salz
	schwarzer Pfeffer (aus der Mühle)
2 EL	Chilisauce (süß)
	Eiweiß
500 ml	Geflügelfond
3 EL	Kerbelbutter
	Dekorationsempfehlung
	Kerbelblättchen
	Petersilie
	Pfeffer (gemahlen)

REISBLÄTTER

ZARTER HAUCH VON NICHTS

Obst oder Gemüse, Fisch oder Fleisch – alles lässt sich mit Reisblättern rollen, wrappen, backen, braten oder frittieren. So bleibt zusammen, was zusammengehört. Ob rund, dreieckig oder quadratisch: Reisblätter lassen sich einfach in fast jede gewünschte Form bringen. Dazu passt ein süßer, fruchtiger oder herzhafter Dip.

ZUTATEN

für 4 Personen

Paprika-Poularden-Spießchen

1 Knolle	Knoblauch
300 g	Poulardenbrust (mit Haut)
	Olivenöl
2 Zweige	Rosmarin
2 Schoten	Paprika (rot)
	Meersalz

Fenchelsalat

2 Knollen	Fenchel
30 ml	Olivenöl
	Limonensaft
	Salz
	schwarzer Pfeffer (aus der Mühle)
1 EL	Honig

Minzjoghurt

1 Bund	Minze (frisch)
200 g	Joghurt (natur/3,5 %)
	Salz
	schwarzer Pfeffer (aus der Mühle)

ZUBEREITUNG

ca. 50 Minuten (plus ca. 12 Stunden Marinierzeit)

Paprika-Poularden-Spießchen

Den **Knoblauch** 1 Knolle quer halbieren. Die **Poulardenbrust** 300 g für etwa 12 Stunden in **Olivenöl** mit **Rosmarin** 2 Zweige und Knoblauch marinieren. Die **Paprika** 2 Schoten halbieren, von Kernen und Trennwänden befreien und mit der Hautseite nach oben auf einem Backblech verteilen. Für etwa 20 Minuten in den Ofen geben (Ofen auf Grill, 250 °C, mittlere Schiene), bis die Haut braun wird und Blasen wirft. Die Haut noch warm abziehen, die Schoten vierteln und ca. 30 Minuten in Olivenöl mit etwas **Meersalz** marinieren.

Fenchelsalat

In der Zwischenzeit den **Fenchel** 2 Knollen waschen, putzen, mit einem Gemüsehobel fein hobeln und mit **Olivenöl** 30 ml, **Limonensaft**, **Salz**, **Pfeffer** und **Honig** 1 EL abschmecken.

Minzjoghurt

Minze 1 Bund waschen, Blätter abzupfen und mit dem **Joghurt** 200 g im Mixer gründlich mischen. Abschließend mit **Salz** und **Pfeffer** abschmecken. Nun die marinierte Poulardenbrust in Würfel schneiden und abwechselnd mit den Paprikastücken aufspießen. In einer Grillpfanne von beiden Seiten etwa 3 bis 4 Minuten braten.

Die Paprika-Poularden-Spießchen auf dem Fenchelsalat anrichten und den Minzjoghurt separat dazureichen.

Paprika-Poularden-Spießchen

mit Fenchelsalat und Minzjoghurt

Kartoffel-Endivien-Salat

mit gebratener Entenbrust

ZUBEREITUNG

ca. 40 Minuten

Die **Kartoffeln** [8] waschen, kochen, pellen und abkühlen lassen. In der Zwischenzeit den **Endiviensalat** [1] putzen und fein schneiden. **Zwiebel** [1] schälen und in feine Ringe schneiden. Den **Knoblauch** [1 Zehe] schälen und extrafein würfeln. Die Haut der **Entenbrustfilets** [2] rautenförmig einschneiden, auf beiden Seiten **salzen, pfeffern** und in einer heißen Pfanne ohne zusätzliches Fett zuerst auf der Hautseite knusprig anbraten. Danach die Fleischseite nur kurz etwa 1 Minute anbraten und im vorgeheizten Backofen auf mittlerer Schiene bei 100 °C etwa 20 Minuten mit der Hautseite nach oben fertig garen. Die Pellkartoffeln vierteln und zusammen mit den Zwiebelringen und den Knoblauchwürfeln in einer Pfanne mit **Olivenöl** [4 EL] kurz anschwenken, jedoch nicht braten. **Kräuteressig** [1 EL] und **Gemüsebrühe** [100 ml] zugießen und mit **Salz, Pfeffer** und **Zucker** abschmecken, dann mit dem Endiviensalat mischen.

Entenbrustfilets dünn aufschneiden und noch warm mittig auf dem Salat anrichten.

ZUTATEN

für 4 Personen

Kartoffel-Endivien-Salat

8	Kartoffeln (mittelgroß, festkochend)
1	Endiviensalat
1	Zwiebel (rot)
1 Zehe	Knoblauch
4 EL	Olivenöl
1 EL	Kräuteressig
100 ml	Gemüsebrühe
	Salz
	schwarzer Pfeffer (aus der Mühle)
	Zucker

Gebratene Entenbrust

2	Entenbrustfilets (à ca. 200 g)
	Salz
	schwarzer Pfeffer (aus der Mühle)

ZUTATEN

für 4 Personen

4 Scheiben	Bacon
2 Lagen	Blätterteig (TK)
1	Eigelb
2	Birnen (etwas fester)
200 g	Gorgonzola
4 EL	Honig
1 Zweig	Rosmarin
1 Zweig	Thymian
	schwarzer Pfeffer (aus der Mühle)

Dekorationsempfehlung

Friséesalat

ZUBEREITUNG

ca. 35 Minuten

Den **Bacon** im vorgeheizten Ofen bei 100 °C etwa 20 Minuten trocknen lassen. Vier kleine Tarteförmchen mit dem **Blätterteig** auskleiden und mit dem verquirlten **Eigelb** bestreichen. Die **Birnen** schälen, vom Kerngehäuse befreien und in dünne Spalten schneiden. Den Teig damit belegen und **Gorgonzola** darüberbröseln. Im vorgeheizten Ofen bei 180 °C etwa 15 Minuten backen. In der Zwischenzeit den **Honig** mit **Rosmarin** und **Thymian** aufkochen, durch ein feines Sieb passieren und über die fertigen Tartes ziehen. Abschließend ein wenig **pfeffern**, die Baconscheiben daraufsetzen und nach Belieben mit **Friséesalat** garnieren.

Knusperspeck

mit einer Birnen-Gorgonzola-Tarte

ZUTATEN

für 4 Personen

Teig

5 EL	Milch
1/2 EL	Zucker
20 g	Hefe (frisch)
250 g	Mehl
1/2 EL	Salz
1 EL	Olivenöl
1	Ei

Belag

10	Kirschtomaten
1	Zwiebel (rot)
4	Kapernäpfel
200 g	Crème fraîche
1 Bund	Rucola
4 Scheiben	Serranoschinken
	Basilikum
	Petersilie (glatt)

ZUBEREITUNG

ca. 20 Minuten (plus ca. 20 Minuten Ruhezeit)

Milch (5 EL) in einem Topf leicht erwärmen, **Zucker** (1/2 EL) und **Hefe** (20 g) darin auflösen. Dann unter das **Mehl** (250 g) geben, mit **Salz,** (1/2 EL) **Olivenöl** (1 EL) und **Ei** (1) auf der Arbeitsfläche zu einem Teig verkneten und etwa 20 Minuten zugedeckt bei Zimmertemperatur gehen lassen. In der Zwischenzeit die **Kirschtomaten** (10) waschen und vierteln, **Zwiebel** (1) schälen und in feine Ringe schneiden. Die **Kapernäpfel** (4) vom Stiel befreien und in Scheiben schneiden. Den Teig auf einem mit Backpapier ausgelegten Blech ca. 20 cm x 20 cm dünn ausrollen und mit **Crème fraîche** (200 g) bestreichen. Mit Zwiebeln, Tomaten und Kapernäpfeln belegen und im vorgeheizten Ofen bei 220 °C (mittlere Schiene) ca. 15 Minuten backen.

Zum Schluss mit **Rucola,** (1 Bund) **Serranoschinken** (4 Scheiben) und **Kräutern** garnieren.

Flammküchlein

mit Kirschtomaten,
Kapernäpfeln
und Serranoschinken

KAPERNÄPFEL

DIE PIKANTEN KNOSPEN

Kapern sind roh ungenießbar. Deshalb werden sie zunächst einen Tag gewelkt und dann eingelegt, was ihnen ihren typischen Geschmack verleiht. Ob Vitello Tonnato oder Königsberger Klopse – ohne Kapern sind beide Gerichte undenkbar.

Kalbsfrikadellen mit Tomaten-Koriander-Füllung

auf rotem Mangoldsalat

ZUBEREITUNG

ca. 30 Minuten

Kalbsfrikadellen

Kalbfleisch durch den Fleischwolf drehen. Die **Tomaten** waschen, entkernen und in kleine Würfel schneiden. **Koriander** abbrausen, abtropfen lassen, die Blättchen abzupfen und mit den Tomatenwürfeln mischen. Dann die Hackmasse mit **Tomatenmark, Senf,** den **Eigelben** und der **Chilisauce** vermischen, mit **Salz** und **Pfeffer** abschmecken, zu Frikadellen formen. Nun die Tomaten-Koriander-Würfel in die Mitte der Frikadellen drücken und in einer Pfanne mit heißem **Butterschmalz** knusprig braten.

Mangoldsalat

Mangold waschen, Stiele entfernen und Mangoldblätter in feine Streifen schneiden. Dann in kochendem **Salzwasser** kurz blanchieren und in **Eiswasser** abschrecken. Die **Zwiebel** schälen, fein würfeln und in der Mischung aus **Sesam-** und **Olivenöl** glasig anschwitzen. Dann die Mangoldstreifen dazugeben und ohne Hitze etwa 5 Minuten warm ziehen lassen. Abschließend mit **Salz** und **Pfeffer** abschmecken.

Den Mangoldsalat mittig auf Tellern anrichten und die noch warmen Kalbsfrikadellen daraufsetzen. Als Dip eignet sich am besten geschlagene **Crème fraîche.** Das Gericht lässt sich auch gut vorbereiten und kalt genießen.

ZUTATEN

für 4 Personen

Kalbsfrikadellen

500 g	Kalbfleisch (aus der Keule)
2	Tomaten (mittelgroß)
1 Bund	Koriander
2 EL	Tomatenmark
1 EL	Senf (mittelscharf)
2	Eigelb
2 EL	Chilisauce (scharf)
	Salz
	schwarzer Pfeffer (aus der Mühle)
	Butterschmalz

Mangoldsalat

1 Bund	Mangold (rot)
	Salz
	Eiswürfel
1	Zwiebel (mittelgroß)
1 EL	Sesamöl
1 EL	Olivenöl
	schwarzer Pfeffer (aus der Mühle)

Dip-Empfehlung

Crème fraîche

ZUTATEN

für 4 Personen

Mayonnaise

1	Eigelb
100 ml	Pflanzenöl
1 EL	Senf (gekörnt)
2 EL	Weißweinessig
	Salz
	Zucker
	schwarzer Pfeffer (aus der Mühle)
1/2 Zehe	Knoblauch

Bratkartoffelsalat

5	Kartoffeln (festkochend, mittelgroß)
	Butterschmalz
	Küchenpapier
1 Bund	Lauchzwiebeln

Apfelsenf (Basics, S. 109)

100 g	Senf (mittelscharf)
200 ml	Pflanzenöl
50 g	Zucker
3 EL	Kräuteressig
1/2 Bund	Dill (ca. 2 EL)
	Salz
	Pfeffer
1	Apfel (Braeburn)

8	Nürnberger (Rostbratwürstchen)

ZUBEREITUNG

ca. 40 Minuten

Mayonnaise

Ei rechtzeitig aus dem Kühlschrank nehmen, damit es beim Verarbeiten Zimmertemperatur hat. Eiweiß und Eigelb trennen und nur Eigelb weiterverarbeiten. Das **Eigelb** 1 mit einem Handrührer aufschlagen, dann nach und nach das **Pflanzenöl** 100 ml hinzugießen. Mit **Senf,** 1 EL **Weißweinessig,** 2 EL **Salz, Zucker** und **Pfeffer** abschmecken. Den **Knoblauch** 1/2 Zehe schälen, die Hälfte dazupressen und gut verrühren.

Bratkartoffelsalat

Die **Kartoffeln** 5 schälen und in sehr feine Scheiben hobeln. Dann in einer beschichteten Pfanne bei mittlerer Temperatur mit **Butterschmalz** ca. 20 Minuten kross braten und auf **Küchenpapier** etwas abkühlen lassen. Die **Lauchzwiebeln** 1 Bund waschen, in ca. 2 cm breite Ringe schneiden, kurz blanchieren, zum Schluss mit zu den Kartoffeln geben und in einer Schüssel mit **Mayonnaise** 5 EL marinieren (ca. 10 Minuten).

Apfelsenf

Zubereitung siehe Rezept auf Seite 109.

Die **Nürnberger** 8 längs halbieren und in einer Grillpfanne kross braten. Dann auf dem noch warmen Salat anrichten und mit dem **Apfelsenf** servieren.

Nürnberger

mit Bratkartoffelsalat und Apfelsenf

ZUTATEN

für 4 Personen

1	Karotte (mittelgroß)
1/2 Knolle	Sellerie
1	Zwiebel (mittelgroß)
	Butterschmalz
400 ml	Bratenfond (dunkel)
1 EL	Sojasauce
	Salz
	schwarzer Pfeffer (aus der Mühle)
	Muskatnuss (frisch gerieben)
4 Scheiben	Pumpernickel (rund)
8	Wachteleier
200 g	Kasseler (kalt, dünn aufgeschnitten)

ZUBEREITUNG

ca. 20 Minuten (plus 1 Stunde Schmorzeit)

Karotte 1, **Sellerie** 1/2 Knolle und **Zwiebel** 1 schälen und würfeln, dann in einem Bräter mit **Butterschmalz** anrösten und mit dem **Bratenfond** 400 ml ablöschen. Im vorgeheizten Ofen bei ca. 100 °C ungefähr eine Stunde schmoren und anschließend in ein grobes Sieb geben. Den Fond auffangen, mit **Sojasauce** 1 EL abschmecken und zu einer sirupartigen Konsistenz reduzieren, die später als Jus verwendet wird. Das Röstgemüse im Mixer zu einem feinen Püree verarbeiten. Mit **Salz, Pfeffer** und **Muskatnuss** abschmecken. Das **Pumpernickel** 4 Scheiben in einer Pfanne trocken rösten. **Wachteleier** 8 vorsichtig in einer Pfanne zu Spiegeleiern braten. **Kasseler** 200 g mit einem Ring ausstechen und abwechselnd mit dem Püree auf dem Pumpernickel zu einem Türmchen aufbauen. Dann mit dem Wachtelspiegelei garnieren und mit der Jus umgießen.

Mini-Strammer-Max

von Kasseler und Röstgemüsepüree

Spargelcappuccino mit feinen Tranchen vom Rinderfilet

an Thunfisch und gebratenem Spargel

ZUBEREITUNG

ca. 30 Minuten

Spargelcappuccino

Den **Spargel** 1 kg schälen, zunächst nur das untere Drittel der Stangen klein schneiden und in **Wasser** ca. 400 ml 10 Minuten kochen. Die kleinen Spargelstücke mit dem Kochwasser im Mixbecher pürieren, dann durch ein Sieb passieren und die aufgefangene Flüssigkeit mit **Sahne** 200 ml zu einer Suppe verrühren. Anschließend erhitzen, mit **Butter** ca. 20 g**, Zucker, Salz, Pfeffer, Muskatnuss** und **Zitronensaft** abschmecken und vor dem Servieren kurz mit dem Pürierstab aufschäumen.

Rinderfilet an Thunfisch

In der Zwischenzeit das **Rinderfilet** 150 g in etwas **Butterschmalz** rosa braten. **Thunfisch** 100 g in feine Würfel schneiden, in **Olivenöl** 2 EL marinieren und den restlichen Spargel in Olivenöl kurz anbraten.

Mayonnaise

Aus **Pflanzenöl** 100 ml**, Senf** 1 TL und **Eigelb** 1 eine Mayonnaise anrühren, mit **Salz, Zucker, Pfeffer** und **Essig** 2 EL abschmecken und dünn auf einen Teller streichen.

Rinderfilet in feine Scheiben schneiden und mittig mit dem Spargel und den Thunfischwürfeln darauf anrichten. Spargelcappuccino dazu in einer Tasse servieren. **Schnittlauch** waschen, fein schneiden und Rinderfilet, Thunfisch und gebratenen Spargel damit garnieren.

ZUTATEN

für 4 Personen

Spargelcappuccino

1 kg	Spargel (weiß)
ca. 400 ml	Wasser
200 ml	Sahne
ca. 20 g	Butter
	Zucker
	Salz
	schwarzer Pfeffer (aus der Mühle)
	Muskatnuss (frisch gerieben)
	Zitronensaft

Rinderfilet an Thunfisch

150 g	Rinderfilet
	Butterschmalz
100 g	Thunfisch (roh)
2 EL	Olivenöl (kalt gepresst)

Mayonnaise

100 ml	Pflanzenöl
1 TL	Senf (mittelscharf)
1	Eigelb
	Salz
	Zucker
	schwarzer Pfeffer (aus der Mühle)
2 EL	Essig

Dekorationsempfehlung

Schnittlauch

KLEINE GERICHTE
MIT FISCH UND MEERESFRÜCHTEN

ZUTATEN

für 4 Personen

1	Zwiebel (klein)
500 g	Spargel (grün)
2 EL	Butter
400 ml	Gemüsebrühe
150 g	Crème fraîche
	schwarzer Pfeffer (aus der Mühle)
	Salz
5	Jakobsmuschelnüsse (nur das weiße Muskelfleisch)

ZUBEREITUNG

ca. 30 Minuten

Die **Zwiebel** 1 schälen und fein würfeln. Den **Spargel** 500 g waschen und eventuelle holzige Enden entfernen. Danach den verbleibenden Spargel in kleine Stücke schneiden. Einige Spargelköpfe zum Garnieren beiseitelegen. Die Hälfte der **Butter** 1 EL in einem kleinen Topf erhitzen, Zwiebel kurz darin andünsten, Spargelstücke dazugeben und unter Rühren 1 bis 2 Minuten mitdünsten. Dann mit der **Gemüsebrühe** 400 ml ablöschen und ca. 10 Minuten kochen. Anschließend fein pürieren. **Crème fraîche** 150 g unterrühren und mit **Pfeffer** und **Salz** abschmecken. Kurz vor dem Anrichten noch einmal erhitzen.

Das Muskelfleisch der **Jakobsmuschelnüsse** 5 in ca. 1 cm dicke Scheiben schneiden und von beiden Seiten 1 Minute bei milder Hitze in der restlichen **Butter** 1 EL anbraten. Spargelköpfe dazugeben und ca. 1 Minute mitbraten.

Spargelsuppe in einem tiefen Teller servieren und Muschelfleisch und Spargel als Einlage hinzufügen.

Grüne Spargelsuppe

mit Jakobsmuscheln

Brunnenkressesuppe

mit Flusskrebsen

ZUBEREITUNG

ca. 30 Minuten

Die **Brunnenkresse** 2 Bund waschen und die Blätter von den Stielen zupfen. **Zwiebel** 1 schälen, fein würfeln und zusammen mit den Kressestielen in **Butter** 50 g anschwitzen. Dann mit **Kalbsfond** 500 ml und **Sherry** 4 cl ablöschen und zugedeckt ca. 15 Minuten köcheln lassen. Die Kresseblätter grob hacken, mit der **Milch** 100 ml in einem Mixbecher gut vermischen, durch ein feines Sieb passieren und die entstandene grüne Flüssigkeit auffangen. Die Stiele aus dem Fond nehmen und **Sahne** 400 ml und **Crème fraîche** 2 EL unterrühren. Mit **Salz**, **Pfeffer** und **Muskatnuss** abschmecken und zum Schluss den grünen Brunnenkressefond dazugeben. Die **Flusskrebse** 24 in wenig Fond leicht anwärmen.

Die Suppe mit einem Stabmixer aufschäumen und mit den Flusskrebsen in Suppenteller oder Glasschälchen füllen.

ZUTATEN

für 4 Personen

2 Bund	Brunnenkresse
1	Zwiebel (groß)
50 g	Butter
500 ml	Kalbsfond
4 cl	Sherry (medium)
100 ml	Milch
400 ml	Sahne
2 EL	Crème fraîche
	Salz
	weißer Pfeffer (aus der Mühle)
	Muskatnuss (frisch gerieben)
24	Flusskrebse (abgekocht und gepult; alternativ: eingelegte Krebse)

Fenchelsalat

mit Dorade

ZUBEREITUNG

ca. 30 Minuten

Fenchelsalat

Den **Fenchel** (1 Knolle) halbieren, den Strunk entfernen und dann den Fenchel mit einer Aufschnittmaschine in sehr feine Scheiben schneiden.

Balsamico-Essig (2 EL) und **Olivenöl** (2 EL) verrühren, mit **Fenchelsamen** (1 TL), **Salz**, **Zucker** und **Pfeffer** abschmecken und die Fenchelscheiben ca. 20 Minuten darin ziehen lassen. Inzwischen die **Schinkenwürfel** (2 EL) in einer Pfanne ohne Fett anbraten und warm in den Salat geben.

Dorade

Die **Doradenfilets** (2) in 4 gleich große Stücke schneiden, mit **Salz** und **Pfeffer** würzen und von beiden Seiten **mehlieren.** Dann in einer Pfanne mit **Butterschmalz** (1–2 EL) zuerst ca. 5 Minuten auf der Hautseite braten. Dann wenden und nochmals ca. 2 Minuten bei ausgeschalteter Hitze auf der anderen Seite braten.

Fenchelsalat und Doradenfilet auf einem Teller anrichten und nach Belieben zum Beispiel mit etwas **Fenchelgrün** oder **Basilikum** garnieren.

ZUTATEN

für 4 Personen

Fenchelsalat

1 Knolle	Fenchel
2 EL	Balsamico-Essig (weiß)
2 EL	Olivenöl (kalt gepresst)
1 TL	Fenchelsamen
	Salz
	Zucker
	weißer Pfeffer (aus der Mühle)
2 EL	Schinkenwürfel (roh)

Dorade

2	Doradenfilets (mit Haut)
	Salz
	weißer Pfeffer (aus der Mühle)
	Mehl (zum Mehlieren)
1–2 EL	Butterschmalz

Dekorationsempfehlung

Fenchelgrün

Basilikum

ZUTATEN

für 4 Personen

Chicorée-Orangen-Salat

2	Chicorée
3	Orangen (dicke)
50 g	Walnusskerne
30 g	Butter (kalt)
2 EL	Ahornsirup

Garnelen

8	Garnelen (Seawater 8/12)
	Olivenöl
	Fleur de Sel
	rosa Pfeffer

ZUBEREITUNG

ca. 30 Minuten

Chicorée-Orangen-Salat

Den **Chicorée** [2] putzen und in einzelne Blätter teilen. Dann die **Orangen** [3] schälen, filetieren und dabei den Saft auffangen. Diesen in einer Pfanne ganz kurz aufkochen und dann sofort von der Kochstelle nehmen. Die Chicoréeblätter in die Pfanne geben und ohne weitere Hitzezufuhr im Orangensaft etwa 5 Minuten ziehen lassen. **Walnusskerne** [50 g] zum Chicorée geben, etwas kalte **Butter** [30 g] unter die Sauce rühren und mit etwas **Ahornsirup** [2 EL] verfeinern.

Garnelen

Die **Garnelen** [8] längs halbieren und den Darm entfernen. Dann in einer Pfanne mit **Olivenöl** ca. 1 bis 1,5 Minuten auf beiden Seiten scharf anbraten, mit **Fleur de Sel** und **rosa Pfeffer** würzen und 1 Minute ziehen lassen.

Chicorée-Orangen-Salat mittig auf Tellern anrichten und die Garnelen daraufsetzen.

Sautierter Chicorée

mit Walnüssen, Orangen und Garnelen

GARNELEN

NICHT DIE GRÖSSE IST ENTSCHEIDEND

Garnelen werden grundsätzlich in Kalt- und Warmwassergarnelen unterschieden, wobei die Ersteren die qualitativ hochwertigeren sind – je tiefer und kälter das Wasser, desto besser die Qualität und der Geschmack. Sowohl die Tiefseegarnelen als auch die Chilenischen Kantengarnelen zählen zu den kleineren Garnelenarten.

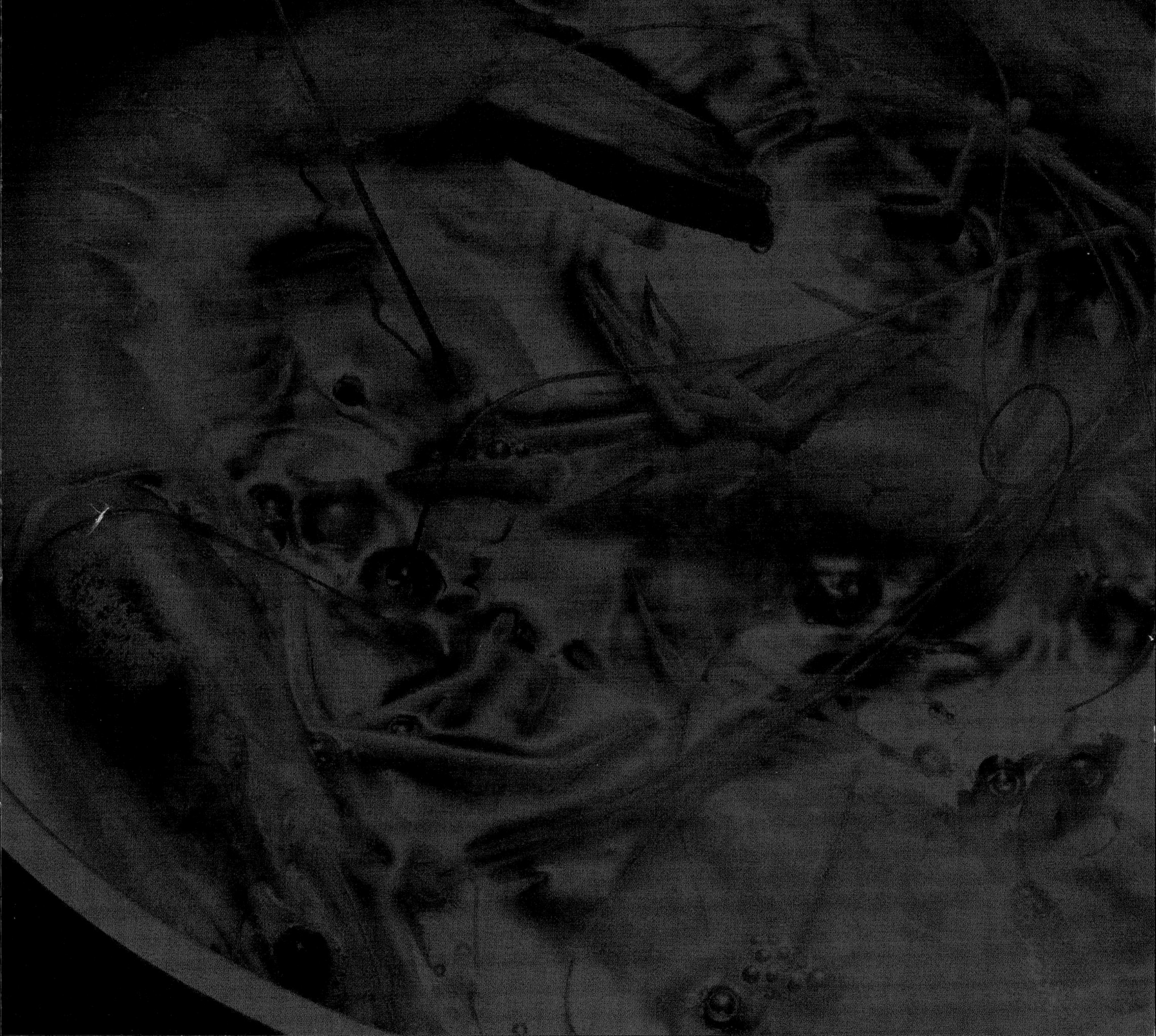

Gambas in Bärlauchtempura

mit Safran-Curry-Aioli

ZUBEREITUNG

ca. 30 Minuten

Safran-Curry-Aioli

Eier etwa 30 Minuten vor der Zubereitung aus dem Kühlschrank nehmen, damit sie Zimmertemperatur haben. **Knoblauch** (1/2 Zehe) schälen, fein pressen, mit **Eigelb** (3), **Zucker** (1 TL) und **Salz** (1 Prise) verrühren. Das **Olivenöl** (250 ml) zunächst tropfenweise, dann in einem dünnen Strahl zugießen und mit dem Handmixer zu Creme aufschlagen. **Zitronensaft** (1 EL), **Safran** (1 Prise) und **Currypulver** (1 Prise) einrühren. Mit **Salz, Pfeffer** und **Cayennepfeffer** (1 Msp.) abschmecken und beim Anrichten eventuell mit einigen **Safranfäden** bestreuen.

Gambas in Bärlauchtempura

Für den Tempurateig **Bärlauch** (100 g) waschen, grob zerkleinern und mit kaltem **Wasser** (150 ml), **Mehl** (75 g), **Speisestärke** (75 g), **Backpulver** (1 Msp.), **Ei** (1), **Eiweiß** (1) und etwas **Salz** im Mixer sehr fein pürieren. Dann die Teigmasse gekühlt ruhen lassen. In der Zwischenzeit die **Gambas** (12) salzen und leicht mehlieren, durch den Tempurateig ziehen und am besten in einer Fritteuse oder in reichlich heißem **Pflanzenöl** knusprig ausbacken.

Gambas und Safran-Curry-Aioli in kleinen Schälchen anrichten und gerne mit Stäbchen servieren.

ZUTATEN

für 4 Personen

Safran-Curry-Aioli

1/2 Zehe	Knoblauch
3	Eigelb
1 TL	Zucker
1 Prise	Salz
250 ml	Olivenöl
1 EL	Zitronensaft
1 Prise	Safran (gemahlen)
1 Prise	Currypulver
	weißer Pfeffer (aus der Mühle)
1 Msp.	Cayennepfeffer
	evtl. einige Safranfäden

Gambas in Bärlauchtempura

100 g	Bärlauch
150 ml	Wasser (kalt)
75 g	Mehl (plus etwas Mehl zum Mehlieren)
75 g	Speisestärke
1 Msp.	Backpulver
1	Ei
1	Eiweiß
	Salz
12	Gambas (ohne Schale, geputzt)
	Pflanzenöl

ZUTATEN

für 4 Personen

Pfifferling-Bohnen-Gemüse

300 g	Pfifferlinge (kleine)
400 g	Bohnen (flach, grün)
	Olivenöl
	Salz
	schwarzer Pfeffer (aus der Mühle)
ca. 1/2 Bund	Bohnenkraut

Steinbutt

200 g	Steinbuttfilet (oder Kabeljau, Heilbutt)
	Salz
300 ml	Fischfond (siehe Basics, S. 97)
1 EL	Butter
	schwarzer Pfeffer (aus der Mühle)
2 EL	Oliven (schwarz, trocken eingelegt, ohne Kerne)
2 EL	Olivenöl (kalt gepresst)
50 g	Butter
50 g	Mehl

ZUBEREITUNG

ca. 30 Minuten

Pfifferling-Bohnen-Gemüse

Pfifferlinge 300 g gründlich putzen. Die **Bohnen** 400 g waschen und die Enden abschneiden, dann schräg in feine Rauten schneiden und zusammen mit den Pfifferlingen in einer Pfanne mit etwas **Olivenöl** ca. 5 Minuten anschwitzen. Mit **Salz** und **Pfeffer** abschmecken und etwa 1 gestrichenen Teelöffel gehacktes **Bohnenkraut** ca. 1/2 Bund zufügen.

Steinbutt

Das **Steinbuttfilet** 200 g **salzen** und portionieren. **Fischfond** 200 ml in einer Sauteuse oder in einer Pfanne mit hohem Rand auf niedriger Stufe erwärmen und die Filets ca. 4 bis 5 Minuten darin ziehen lassen. Anschließend in einer heißen Pfanne mit gebräunter **Butter** 1 EL anbraten und mit **Salz** und **Pfeffer** abschmecken. Die **Oliven** 2 EL fein hacken und mit dem restlichen **Fischfond** 100 ml und dem **Olivenöl** 2 EL mischen, mit **Salz** und **Pfeffer** abschmecken und ganz kurz aufkochen. **Butter** 50 g in einem kleinen Topf schmelzen, das **Mehl** 50 g dazusieben, mit einem Schneebesen gründlich verrühren und den Fond damit sämig abbinden.

Das Pfifferling-Bohnen-Gemüse mittig auf Tellern anrichten, den Fisch darauflegen und mit dem zartcremigen Fond umgießen.

Steinbutt

mit Pfifferling-Bohnen-Gemüse

ZUTATEN

für 4 Personen

Senfspinat

500 g	Blattspinat (frisch)
2 EL	Olivenöl
1 EL	Senfkörner
1 EL	Senf (mittelscharf)
50 ml	Sahne
	Salz
	weißer Pfeffer (aus der Mühle)

Seeteufel

300 g	Seeteufelfilet
	Salz
	weißer Pfeffer (aus der Mühle)
2 EL	Butterschmalz

Dekorationsempfehlung

Dill

ZUBEREITUNG

ca. 15 Minuten

Senfspinat

Den **Spinat** 500 g waschen und putzen. Dann mit **Olivenöl** 1 EL und den **Senfkörnern** 1 EL in einem Stieltopf ca. 2 Minuten anschwitzen. Das austretende Wasser abschütten. **Senf**, 1 EL **Sahne** 50 ml und restliches **Olivenöl** 1 EL untermischen und mit **Salz** und **Pfeffer** abschmecken. Nicht wieder aufkochen, sondern nur leicht erwärmen.

Seeteufel

Das **Seeteufelfilet** 300 g in 4 dünne Scheiben schneiden, mit **Salz** und **Pfeffer** würzen und in einer Pfanne mit **Butterschmalz** 2 EL ca. 2 Minuten von jeder Seite braten.

Senfspinat mittig auf Tellern anrichten und das Seeteufelfilet darauf platzieren.

Seteufel

mit Senfspinat

Krabbentoast

mit Safran-Curry-Aioli

ZUBEREITUNG

ca. 30 Minuten

Safran-Curry-Aioli

Eier etwa 30 Minuten vor der Zubereitung aus dem Kühlschrank nehmen, damit sie Zimmertemperatur haben. Den **Knoblauch** (1/2 Zehe) schälen, fein pressen, mit **Eigelb** (3), **Zucker** (1 TL) und **Salz** verrühren. Das **Olivenöl** (250 ml) zunächst tropfenweise, dann in einem dünnen Strahl zugießen und mit dem Handmixer zu einer Creme aufschlagen. **Zitronensaft** (1 EL), **Safran** (1 Prise) und **Currypulver** (1 Prise) einrühren. Abschließend mit **Salz**, **Pfeffer** und **Cayennepfeffer** (1 Msp.) abschmecken und mit den **Safranfäden** bestreuen.

Krabbentoast

Die **Nordseekrabben** (400 g) kalt waschen, abtropfen lassen und mit **Olivenöl** (2 EL), **Salz** und **Pfeffer** ca. 15 Minuten marinieren. Die **Zwiebel** (1) schälen, fein würfeln, kurz in kochendem Wasser blanchieren und gründlich abtropfen lassen. **Schnittlauch** (1/2 Bund) abbrausen, fein schneiden und ca. 2 Esslöffel davon zusammen mit den Zwiebelwürfeln zu den Krabben geben.

Toast (4 Scheiben) mit einem Ring ausstechen, die Krabben darauf anrichten und mit der Safran-Curry-Aioli servieren.

ZUTATEN

für 4 Personen

Safran-Curry-Aioli

1/2 Zehe	Knoblauch
3	Eigelb
1 TL	Zucker
	Salz
250 ml	Olivenöl
1 EL	Zitronensaft
1 Prise	Safran (gemahlen)
1 Prise	Currypulver
	weißer Pfeffer (aus der Mühle)
1 Msp.	Cayennepfeffer
	einige Safranfäden

Krabbentoast

400 g	Nordseekrabben (gepult, gegart)
2 EL	Olivenöl
	Salz
	weißer Pfeffer (aus der Mühle)
1	Zwiebel (rot)
1/2 Bund	Schnittlauch
4 Scheiben	Toast

ZUTATEN

für 4 Personen

Salat

2 Stangen	Rhabarber
50 g	Butter
3 EL	Zucker
1,5 EL	Balsamico-Essig (weiß)
	schwarzer Pfeffer (aus der Mühle)
100 g	Löwenzahnblätter
1 Kopf	Radicchio
1 Bund	Spargel (grün)
	Salz
200 g	Heilbutt (geräuchert)
3 EL	Mandeln (gemahlen)
2–3 Zweige	Basilikum (rot)

Dressing

8 EL	Olivenöl
	Saft einer halben Orange
2 EL	Honig
1 EL	Dijon-Senf
	Salz
	weißer Pfeffer (aus der Mühle)

Dekorationsempfehlung

Orangenzesten
(von 1/2 Orange)

ZUBEREITUNG

ca. 30 Minuten

Salat

Den **Rhabarber** (2 Stangen) putzen, schälen und in etwa 5 cm lange Stücke schneiden. In einem Topf mit der **Butter** (50 g) etwa 5 Minuten andünsten, dann den **Zucker** (3 EL) zufügen und unter Rühren karamellisieren. Zuletzt den **Balsamico-Essig** (1,5 EL) zufügen und **pfeffern.** Topf vom Herd nehmen. **Löwenzahnblätter** (100 g) waschen und abtropfen lassen. **Radicchio** (1 Kopf) ebenfalls waschen und grob zupfen. Den **Spargel** (1 Bund) waschen, von holzigen Enden befreien und der Länge nach in Streifen schneiden, dann ca. 3 Minuten in **Salzwasser** blanchieren und kalt abschrecken. **Heilbutt** (200 g) in feine Scheiben schneiden. Die gemahlenen **Mandeln** (3 EL) in einer Pfanne ohne Fett anrösten. **Basilikumblättchen** (von 2–3 Zweigen) abzupfen und bereitlegen.

Dressing

Für das Dressing das **Olivenöl** (8 EL), den **Orangensaft** (von 1/2 Orange), den **Honig** (2 EL) sowie den **Dijon-Senf** (1 EL) verrühren. Zum Schluss mit **Salz** und **Pfeffer** abschmecken.

Rhabarber, Löwenzahn, Spargel, Heilbutt und Radicchio anrichten, etwas Dressing darübergeben und mit **Orangenzesten,** (von 1/2 Orange) **Mandeln** und **Basilikumblättchen** bestreuen.

Salat von Rhabarber, Heilbutt,

grünem Spargel und gelbem Löwenzahn

RHABARBER

DAS FRÜCHTCHEN UNTER DEN GEMÜSEN

Rhabarber wird meistens wie Obst zubereitet, ist jedoch ein Gemüse. Als Kompott, Kuchen oder Saft, von sehr sauer über leicht herb bis mild, mit feinem Himbeeraroma: Rhabarber ist ein vielfältiges Frühsommergemüse mit viel Kalium, Kalzium und Vitamin K.

Würziger Thunfisch

mit Cottage Cheese, Avocadopüree und Birnenkompott

ZUBEREITUNG

ca. 20 Minuten (plus 2 Stunden Marinierzeit)

Thunfisch

Den **Thunfisch** in ca. 2 cm x 2 cm große Würfel schneiden und
300 g
in **Olivenöl** mit **Paprikapulver, Meersalz** und **Zucker** mindestens
2 EL 1 TL 1 TL 1 Prise
2 Stunden marinieren.

Birnenkompott

Die **Birnen** schälen, entkernen und 2/3 davon in gleich große
2
Würfel schneiden. Das übrige Drittel mit **Zucker, Zitronensaft, Salz**
50 g 100 ml 1 Msp.
und **Butter** einkochen und fein pürieren. Nun die Birnenwürfel
20 g
kurz mit dem Püree aufkochen.

Avocadopüree

Avocado schälen, entkernen und mit **Olivenöl, Crème fraîche, Salz,**
1 2 EL 1 EL 1/2 TL
Zucker, Tabasco und **Zitronensaft** zu einer homogenen Creme mixen.
1 TL 2 Spritzer 1 EL

Thunfischwürfel auf einen länglichen Teller setzen, mit Avocadopüree und **Cottage Cheese** anrichten. Birnenkompott auf den
50 g
Thunfisch geben. Nach Belieben mit etwas **Lachskaviar** und **Paprikapulver** dekorieren.

ZUTATEN

für 4 Personen

Thunfisch

300 g	Thunfisch (Sushi-Qualität)
2 EL	Olivenöl (kalt gepresst)
1 TL	Paprikapulver (Piementos)
1 TL	Meersalz
1 Prise	Zucker

Birnenkompott

2	Birnen (nicht zu reif)
50 g	Zucker
100 ml	Zitronensaft
1 Msp.	Salz
20 g	Butter

Avocadopüree

1	Avocado (möglichst reif)
2 EL	Olivenöl
1 EL	Crème fraîche
1/2 TL	Salz
1 TL	Zucker
2 Spritzer	Tabasco
1 EL	Zitronensaft
50 g	Cottage Cheese (Hüttenkäse)

Dekorationsempfehlung

Lachskaviar

Paprikapulver

DESSERTS

Björns Snickers

Karamellparfait auf Erdnuss-Schokoladen-Boden
mit Erdnuss-Karamell-Hippen

ZUBEREITUNG

ca. 40 Minuten (plus mindestens 12 Stunden Einfrierzeit)

Karamellparfait

Den **Zucker** 200 g in einem Topf karamellisieren, anschließend mit **Butter** 20 g und **Milch** 50 ml verrühren und dann den Topf von der Herdplatte nehmen. Nun **Eigelb** 4 mit **Salz** 1 Prise in der Küchenmaschine steif schlagen, dann die Karamellmasse unterheben. Zuletzt die **Sahne** 200 ml schlagen, unterziehen und die Masse über Nacht einfrieren. Weil das Parfait später in Form gebracht werden soll, eignet sich hierfür am besten eine ca. 10 cm x 20 cm große Auflaufform mit einem etwa 2 cm hohen Rand.

Erdnuss-Karamell-Hippen

Glucose 1 EL, **Zucker** 60 g und **Butter** 80 g in einem Topf kurz aufkochen und verrühren. **Erdnüsse** 40 g (ggf. schälen) fein hacken und mit dem **Mehl** 60 g unterrühren. Dann mit einem Teelöffel etwa walnussgroße Häufchen auf ein mit Backpapier ausgelegtes Blech setzen und dabei ca. 5 cm Zwischenraum lassen, weil der Teig zerläuft. Im vorgeheizten Ofen bei 170 °C etwa 5 Minuten goldbraun backen.

Erdnuss-Schokoladen-Boden

Die **Erdnüsse** 50 g (ggf. schälen) und die Hälfte der **Kuvertüre** 50 g fein hacken. **Mehl** 160 g, **Butter** 120 g, **Puderzucker** 90 g, **Eigelb** 3 und **Salz** 1 Prise zu einem geschmeidigen Teig verarbeiten und zuletzt die Nüsse und die gehackte Kuvertüre unterkneten. Den Teig auf einem ca. 10 cm x 20 cm großen, mit Backpapier ausgelegten Backblech ausbreiten. Im vorgeheizten Ofen bei 180 °C ca. 20 Minuten backen. In der Zwischenzeit die restliche **Kuvertüre** 50 g im Wasserbad schmelzen. Nun zuerst das Parfait und dann den ausgekühlten Schokoladenboden mit einer Ringform ausstechen.

Das Parfait auf den Schokoladenboden setzen, die Karamellhippe mittig im Parfait platzieren und mit der geschmolzenen Kuvertüre überziehen. Dazu gerne frisches **Obst**, **Kompott** oder **karamellisierte Erdnüsse** arrangieren.

ZUTATEN

für 4 Personen

Karamellparfait

(1 Tag vorher zubereiten)

200 g	Zucker
20 g	Butter
50 ml	Milch
4	Eigelb
1 Prise	Salz
200 ml	Sahne

Erdnuss-Karamell-Hippen

1 EL	Glucose 45°BE (Bezeichnung für den Süßegrad, erhältlich in Konditoreien)
60 g	Zucker
80 g	Butter
40 g	Erdnüsse (natur)
60 g	Mehl

Erdnuss-Schokoladen-Boden

50 g	Erdnüsse (natur)
100 g	Kuvertüre (dunkel)
160 g	Mehl
120 g	Butter
90 g	Puderzucker
3	Eigelb
1 Prise	Salz

Dekorationsempfehlung

Obst

Kompott

Erdnüsse (karamellisiert)

ZUTATEN

für 4 Personen

ZUBEREITUNG

ca. 40 Minuten (plus ca. 4 Stunden Kühlzeit)

Milch-Cotta

5 Blatt	Gelatine (weiß)
600 ml	Milch
2 EL	Honig
1	Vanilleschote
	Frischhaltefolie

Chocolate Chip Cookies

100 g	Butter (Zimmertemperatur)
120 g	Zucker (braun, feucht/ Rohrzucker)
1	Eigelb
150 g	Weizenmehl
1 Prise	Salz
1/2 TL	Natron
120 g	Kuvertüre (weiß)
40 g	Macadamianüsse

Gebrannte Nüsse

100 g	Zucker
50 ml	Wasser
100 g	Macadamianüsse
20 g	Butter
1/2 TL	Fleur de Sel

Dekorationsempfehlung

Milchschaum

Milch-Cotta

Gelatine für etwa 10 Minuten in kaltem Wasser einweichen. Die **Milch** mit **Honig** und der längs halbierten **Vanilleschote** kurz aufkochen und dann bei mittlerer Hitze weitere 10 Minuten köcheln lassen. Den Topf vom Herd ziehen, die Gelatine ausdrücken und in die noch warme Milch einrühren. Eine Auflaufform mit Frischhaltefolie auslegen, die Masse durch ein grobes Sieb hineinpassieren, sodass sie ca. 2 cm hoch darin steht. Mindestens 4 Stunden kalt stellen. Anschließend in ca. 2 cm x 2 cm große Würfel schneiden.

Chocolate Chip Cookies

Die **Butter** mit dem braunen **Zucker** schaumig schlagen und das **Eigelb** unterziehen. **Mehl** dazusieben, unterrühren und **Salz** und **Natron** zufügen. Zuletzt die **Kuvertüre** und die **Macadamianüsse** fein hacken und unterheben. Dann den Teig auf einem mit Backpapier ausgelegten Backblech ca. 1 cm dick ausstreichen und bei 180 °C im vorgeheizten Ofen ca. 10 bis 12 Minuten backen. Danach leicht auskühlen lassen, aber noch warm in ca. 2 cm x 2 cm große Würfel schneiden, dann vollständig abkühlen lassen.

Gebrannte Nüsse

Zucker mit **Wasser** in einer beschichteten Pfanne aufkochen und zu sehr dickflüssigem Sirup reduzieren. Die **Macadamianüsse** grob hacken, dazugeben und bei mittlerer Hitze so lange rühren, bis das Wasser vollständig verdampft und der Zucker auskristallisiert ist, d. h. sich um die Nüsse gelegt hat. Dann die Temperatur steigern, bis der Zucker anfängt zu karamellisieren. Zuletzt **Butter** und **Fleur de Sel** (vorher im Mörser fein zermahlen) hinzufügen, leicht mitrösten und schließlich auf Backpapier auskühlen lassen.

Die Milch-Cotta- und Cookie-Würfel im Wechsel aufreihen, die gebrannten Macadamianüsse locker dazu anrichten und eventuell mit etwas **Milchschaum** dekorieren.

Milch-Cotta mit gebrannten Macadamianüssen

und Chocolate Chip Cookies

ZUTATEN

für 4 Personen

Kirsch-Sorbet

300 ml	Läuterzucker
300 g	Sauerkirschen (entkernt, aus dem Glas)
3 g	Pfeffer (tasmanisch)
	Saft einer Zitrone
4 cl	Kirschwasser

Crème-fraîche-Mousse

1 Blatt	Gelatine (weiß)
2–4 cl	Kirschwasser
1 EL	Honig
200 g	Crème fraîche

Kakaoboden

4	Eier
100 g	Zucker (weiß)
90 g	Mehl
20 g	Kakaopulver (ungesüßt)
20 g	Butter

Dekorationsempfehlung

Kirschen

Schokoladensegel (oder Schokoladenblatt)

ZUBEREITUNG

ca. 40 Minuten (plus ca. 4 Stunden Gefrierzeit)

Kirsch-Sorbet

Läuterzucker (300 ml) mit **Sauerkirschen** (300 g) und **Pfeffer** (3 g) pürieren und durch ein grobes Sieb passieren. Dann den **Zitronensaft** (von 1 Zitrone) und das **Kirschwasser** (4 cl) mit dem Kirschpüree verrühren und in einer Eismaschine gefrieren oder für mindestens 4 Stunden in einer Metallschüssel ins Gefrierfach stellen und gelegentlich umrühren.

Crème-fraîche-Mousse

Die **Gelatine** (1 Blatt) ca. 10 Minuten in etwas kaltem Wasser einweichen. **Kirschwasser** (2–4 cl) mit **Honig** (1 EL) erwärmen, die Gelatine ausdrücken und unterrühren. Dann die **Crème fraîche** (200 g) mit einem Handrührgerät aufschlagen, nach und nach die Gelatine hinzufügen. Die Masse für mindestens 1 Stunde kalt stellen.

Kakaoboden

Eier (4) mit **Zucker** (100 g) im Wasserbad warm aufschlagen, zuerst das **Mehl** (90 g) und danach das **Kakaopulver** (20 g) dazusieben und unterheben. **Butter** (20 g) schmelzen und ebenfalls unterrühren. Auf einem mit Backpapier ausgelegten Blech ca. 5 mm dünn ausstreichen und im vorgeheizten Ofen bei 160 °C ca. 10 Minuten backen. Den Kakaoboden auskühlen lassen, mit einem Ring (etwa 6 cm Durchmesser) ausstechen und mit der Crème-fraîche-Mousse zweimal schichten. Das Kirsch-Sorbet als oberste Lage daraufsetzen und sofort servieren.

Nach Belieben zum Beispiel mit **Kirschen**, einem **Schokoladensegel** oder einem **Eichenblatt aus Schokolade** dekorieren.

Björns Schwarzwälder Kirschtörtchen

Pinienkern-Mango-Tarte

mit Kaffee-Kardamom-Sorbet

ZUBEREITUNG

ca. 40 Minuten (plus ca. 12 Stunden Gefrierzeit und ca. 90 Minuten Back- und Trockenzeit)

Kaffee-Kardamom-Sorbet

Kuvertüre 200 g im Wasserbad schmelzen, **Wasser** 200 ml mit **Salz** 2 g und **Zucker** 175 g aufkochen und nach und nach unter ständigem Rühren unter die Schokolade ziehen, bis eine homogene Masse entsteht. Zuletzt **Kardamom** 2 g und **Kaffee** 200 ml zufügen und im Standmixer 2 Minuten auf höchster Stufe mixen. Die Masse mindestens 4 Stunden kalt stellen, nochmals durchrühren und dann in einer Eismaschine oder über Nacht am besten in einer Metallschüssel einfrieren.

Pinienkern-Mango-Tarte

Aus **Butter** 100 g (Zimmertemperatur), **Puderzucker** 50 g, **Mehl** 150 g und **Pinienkernen** 2 EL zügig einen Teig herstellen. Diesen auf ca. 10 cm x 20 cm ausrollen und auf ein mit Backpapier ausgelegtes Blech legen. Die **Mango** 1 schälen, entkernen und in dünne Spalten schneiden. Etwa 3/4 der Scheiben auf dem Mürbeteig auffächern. Die restlichen Mangoscheiben mit **Orangensaft** 100 ml, **Butter** 50 g und **Zucker** 2 EL einkochen, mit dem Stabmixer pürieren und die Tarte damit bestreichen. Dann im vorgeheizten Ofen bei 180 °C ca. 30 Minuten goldgelb backen.

Mangosegel

Mango 1 waschen, putzen, quer halbieren und mit der Aufschnittmaschine in feine Scheiben schneiden. Etwas **Puderzucker** 20 g auf ein mit Backpapier ausgelegtes Blech sieben und die Mangoscheiben nebeneinander darauflegen. Dann auch von oben mit Puderzucker bestreuen und für ca. 30 Minuten im vorgeheizten Ofen bei 60 °C (Umluft) trocknen. Abschließend alle Scheiben vorsichtig wenden und weitere 30 Minuten trocknen. Danach die Mangoscheiben aus dem Ofen nehmen und für ca. 2 Minuten über eine Küchenpapierrolle legen, damit sie abkühlen und eine Segelform annehmen.

Die Tarte in 4 Stücke schneiden oder rund ausstechen und dazu das Kaffee-Kardamom-Sorbet reichen. Nach Belieben mit **Kaffeebohnen, Kardamomkapseln** und **Pinienkernen** dekorieren.

ZUTATEN

für 4 Personen

Kaffee-Kardamom-Sorbet

200 g	Kuvertüre (dunkel)
200 ml	Wasser
2 g	Salz
175 g	Zucker (weiß)
2 g	Kardamom (gemahlen)
200 ml	Kaffee (stark aufgebrüht oder aus der Espressomaschine)

Pinienkern-Mango-Tarte

100 g	Butter
50 g	Puderzucker
150 g	Mehl
2 EL	Pinienkerne
1	Mango
100 ml	Orangensaft
50 g	Butter
2 EL	Zucker (weiß)

Mangosegel

1	Mango
20 g	Puderzucker
	Küchenpapier

Dekorationsempfehlung

Kaffeebohnen

Kardamomkapseln

Pinienkerne

MANGO

DAS EXOTISCHE FRÜCHTCHEN

Die Mango ist eine wahre Vitaminbombe. Mangifera indica wurde bereits vor über 4.000 Jahren in Indien kultiviert, ist heute so etwas wie die Nationalfrucht Indiens und wichtige Beigabe bei religiösen Handlungen von Hindus und Buddhisten.

Die Reife einer Mango kann man daran erkennen, dass die Frucht duftet und auf Druck leicht nachgibt. Die Mango ist roh und verarbeitet eine echte Bereicherung in der Küche.

ZUTATEN

für 4 Personen

Vorteig

100 ml	Milch
160 g	Mehl
40 g	Hefe (frisch)
	Küchentuch

Hauptteig

340 g	Mehl
40 ml	Milch
60 g	Zucker (weiß)
130 g	Butter
1 Prise	Salz
1	Tonkabohne (gemahlen)
1 Msp.	Stollengewürz

Füllung

50 g	Sauerkirschen (getrocknet)
50 g	Cranberrys (getrocknet)
50 g	Macadamianüsse (gehackt)
50 g	Pekannüsse (gehackt)
50 g	Pinienkerne
50 g	Mandeln (gestiftet)
150 g	Marzipanrohmasse
100 g	Butter
200 g	Puderzucker

Alufolie

ZUBEREITUNG

ca. 30 Minuten (plus ca. 40 Minuten Ruhezeit)

Alle Zutaten müssen Zimmertemperatur haben.

Vorteig

Die **Milch** (100 ml) handwarm erhitzen, **Mehl** (160 g) dazusieben und nach und nach die **Hefe** (40 g) unterrühren. Diesen Vorteig mit einem Küchentuch abgedeckt bei Zimmertemperatur etwa 20 Minuten gehen lassen.

Hauptteig

Mehl, (340 g) **Milch,** (40 ml) **Zucker,** (60 g) **Butter** (130 g) und die **Gewürze** gut miteinander vermischen, dann gründlich mit dem Vorteig verkneten und nochmals ca. 10 Minuten ruhen lassen.

Füllung

Nun den Hefeteig mit den **Sauerkirschen,** (50 g) **Cranberrys,** (50 g) **Macadamia-** (50 g) und **Pekannüssen,** (50 g) den **Pinienkernen** (50 g) und **Mandelstiften** (50 g) verkneten. Dann den Teig auf mehlierter Fläche ausbreiten, die **Marzipanrohmasse** (150 g) geschmeidig durcharbeiten, zu einer Rolle formen und in den Teig einschlagen, sodass die typische Stollenform entsteht. Nochmals ca. 10 Minuten gehen lassen und dann im vorgeheizten Ofen bei 170 °C etwa 25 Minuten goldgelb backen. **Butter** (100 g) schmelzen und den weißen Schaum, der dabei entsteht, abschöpfen. Den noch handwarmen Stollen in die flüssige Butter legen und damit bestreichen, bis diese komplett aufgesogen ist. Dann in den **Puderzucker** (200 g) legen und großzügig damit bedecken.

Fest in Alufolie gewickelt und trocken und leicht gekühlt ist der Stollen nun bis zu 6 Monate haltbar.

Björns Stollen

BASICS

Gemüsefond

ZUBEREITUNG

ca. 30 Minuten (plus ca. 30 Minuten Garzeit)

Lauch waschen, **Sellerie, Karotten** und **Zwiebeln** schälen und
100 g 200 g 200 g 2
alles in kleine Würfel schneiden. Dann in einem Topf mit kaltem **Wasser** aufsetzen, kurz aufkochen und bei geringer Hitze etwa
1 l
30 Minuten ziehen lassen. Anschließend durch ein Sieb passieren und abkühlen lassen.

Fonds und Brühen lassen sich sehr gut portionsweise einfrieren.

ZUTATEN

100 g	Lauch
200 g	Knollensellerie
200 g	Karotten
2	Zwiebeln (klein)
1 l	Wasser

ZUTATEN

1	Suppenhuhn (darf auch TK sein)
	oder
500 g	Kalbfleisch (z. B. Abschnitte vom Rücken oder von der Oberschale)
	oder
500 g	Rinderbeinscheibe
2 l	Wasser
200 g	Karotten
1	Gemüsezwiebel
200 g	Lauch
200 g	Knollensellerie
1 Bund	Petersilie
2 Zweige	Thymian
2 EL	Sojasauce
	Salz
	schwarzer Pfeffer (aus der Mühle)
	Muskatnuss (frisch gerieben)

ZUBEREITUNG

ca. 30 Minuten (plus ca. 90 Minuten Garzeit)

Das **Fleisch** (500 g) auf kleinster Stufe im **Wasser** (2 l) zum Köcheln bringen – am besten ca. 1 Stunde, bis es kurz vor dem Kochen ist. Dann herunterschalten. In der Zwischenzeit **Karotten** (200 g), **Zwiebel** (1), **Lauch** (200 g) und **Sellerie** (200 g) schälen, würfeln, hinzufügen und eine weitere Stunde ziehen lassen. **Petersilienstängel** (1 Bund), **Thymian** (2 Zweige) und **Sojasauce** (2 EL) etwa 30 Minuten mitziehen lassen, dann durch ein Sieb passieren, mit **Salz**, **Pfeffer** und **Muskatnuss** abschmecken. Nach Belieben weiter reduzieren, um den Fond kräftiger werden zu lassen.

Fonds und Brühen lassen sich sehr gut portionsweise einfrieren.

Helle Geflügel-, Kalbs- oder Rinderbouillon

ZUTATEN

3	Zwiebeln (rot)
200 g	Lauch
200 g	Knollensellerie
200 g	Karotten
2 kg	gesägte Kalbsknochen
	oder Kalbsschwanz
2 EL	Butterschmalz
2 EL	Tomatenmark
500 ml	Rotwein
1,5 l	Wasser
20	Eiswürfel
1–2	Lorbeerblätter
2–3 Zweige	Thymian
	ganze Pfefferkörner (schwarz)
50 g	Butter

ZUBEREITUNG

ca. 30 Minuten (plus ca. 2,5 Stunden Garzeit)

Zwiebeln, **Lauch**, **Sellerie** und **Karotten** schälen und würfeln.
3 200 g 200 g 200 g
Die **Kalbsknochen** (oder den Kalbsschwanz) in einem Bräter
2 kg
mit **Butterschmalz** scharf anbraten, dann herausnehmen und
2 EL
die Gemüsewürfel im Bräter rösten. Alles soll schön braun werden, aber nicht anbrennen. **Tomatenmark** zufügen und
2 EL
kurz mitrösten. Dann mit **Rotwein** und **Wasser** ablöschen,
500 ml 1,5 l
Eiswürfel dazugeben und abkühlen lassen. Das erneute langsame
20
Aufkochen intensiviert das Aroma. Nun nach Geschmack mit **Lorbeerblättern**, **Thymian** und **Pfefferkörnern** würzen, Kalbs-
1–2 2–3 Zweige
knochen dazugeben und bei mittlerer Hitze köcheln lassen. Nach ca. 2 Stunden durch ein Sieb passieren. In einem anderen Topf auf ca. 1/5 weiter reduzieren und abschließend mit kalten **Butterflöckchen** sämig abbinden.
50 g

Fonds und Brühen lassen sich sehr gut portionsweise einfrieren.

UroXatral®

Pesto

1 Bd. Basilikum
1/2 " Petersilie
80 g Parmesan
(frisch gerieben
30 g Pinienkerne
1 Knoblauchzehe
120 ml. Olivenöl
4 EL. Vollmilch
Salz, schw. Pfeffer a. d. Mühle

Dunkler Kalbsfond (Jus)

Fischfond

ZUBEREITUNG

ca. 30 Minuten

Zwiebeln, Lauch, Sellerie und **Karotten** schälen und würfeln,
3 200 g 200 g 200 g
dann in einem großen Topf mit **Olivenöl** leicht anschwitzen.
4 EL
Die **Fischgräten** zufügen und kurz mitschmoren lassen. **Wasser,**
500 g 1 l
Weißwein und **Eiweiß** mit einem Stabmixer verrühren und
400 ml 2
unterziehen. Die **Eiswürfel** dazugeben und ca. 10 Minuten kalt
20
ruhen lassen. Dann auf kleinster Stufe erneut zum Köcheln bringen, bis das Eiweiß stockt, sich an der Oberfläche absetzt und dadurch den Fond klärt. Dann durch ein Küchentuch passieren und mit **Salz, Pfeffer** und eventuell **Safran** abschmecken.

Fonds und Brühen lassen sich sehr gut portionsweise einfrieren.

ZUTATEN

3	Zwiebeln (klein)
200 g	Lauch
200 g	Knollensellerie
200 g	Karotten
4 EL	Olivenöl
500 g	Fischgräten (am besten von Steinbutt, Seezunge oder Kabeljau)
1 l	Wasser
400 ml	Weißwein
2	Eiweiß
20	Eiswürfel
	Küchentuch
	Salz
	schwarzer Pfeffer (aus der Mühle)
	evtl. Safranfäden

ZUTATEN

6	**Tomaten** (mittelgroß)
1 Bund	Basilikum
3–4 Zehen	Knoblauch
	Küchentuch
	Salz
	schwarzer Pfeffer (aus der Mühle)
30 g	Butter
30 g	Mehl

ZUBEREITUNG

ca. 10 Minuten (plus Zeit für Abtropfen)

Tomaten (6) waschen und vierteln, anschließend mit den **Basilikumblättern** (von 1 Bund) und dem geschälten **Knoblauch** (3–4 Zehen) mixen. Die Masse in ein Küchentuch geben und über einem Topf abtropfen lassen. Den aufgefangenen Fond mit **Salz** und **Pfeffer** abschmecken und leicht erwärmen. **Butter** (30 g) schmelzen, mit **Mehl** (30 g) verrühren und den Fond damit sämig abbinden.

Fonds und Brühen lassen sich sehr gut portionsweise einfrieren.

Weißer Tomatenfond

Angedickter Balsamico
Kürbiskern-Vinaigrette

Angedickter Balsamico

ZUBEREITUNG

ca. 10 Minuten (plus ca. 30 Minuten Garzeit)

Balsamico-Essig und **Apfelsaft** mit **Zucker** und **Thymian** aufkochen. Den **Apfel** nur waschen, vierteln, vom Kerngehäuse befreien, mit Schale dazugeben und ca. 30 Minuten (ohne Hitze) ziehen lassen. **Speisestärke** mit wenig **Wasser** anrühren. Die nochmals kurz aufgekochte Balsamico-Reduktion damit abbinden und durch ein feines Sieb passieren. Vor dem Anrichten immer leicht erwärmen.

Den angedickten Balsamico verwendet man zum Verfeinern von vielen Vorspeisen und Desserts.

ZUTATEN

100 ml	Balsamico-Essig (dunkel)
50 ml	Apfelsaft
2 EL	Zucker
1 Zweig	Thymian
1	Apfel (mehlig)
1 TL	Speisestärke
	Wasser

Kürbiskern-Vinaigrette

ZUBEREITUNG

ca. 5 Minuten

Balsamico-Essig mit der **Brühe** in eine Schüssel geben, dann unter ständigem Rühren mit einem Schneebesen langsam **Raps-** und **Kürbiskernöl** unterrühren. Abschließend mit **Salz**, **Pfeffer** und **Zucker** abschmecken.

Die Kürbiskern-Vinaigrette passt zu allen Blattsalaten oder zu Tomaten mit Mozzarella.

ZUTATEN

50 ml	Balsamico-Essig (weiß)
50 ml	Gemüse- oder Fleischbrühe
100 ml	Rapsöl
50 ml	Kürbiskernöl
	Salz
	schwarzer Pfeffer (aus der Mühle)
	Zucker

Salatdressing

ZUTATEN

2	Zwiebeln (klein)
100 ml	Rapsöl
100 ml	Gemüsebrühe
1 TL	Honig
1 EL	Senf (körnig)
50 ml	Balsamico-Essig (weiß)
	Salz
	schwarzer Pfeffer (aus der Mühle)
	Zucker
	Kräuter

ZUBEREITUNG

ca. 20 Minuten

Die **Zwiebeln** schälen, würfeln und in **Rapsöl** glasig anschwitzen. **Gemüsebrühe, Honig** und **Senf** zufügen und ca. 10 Minuten bei mittlerer Hitze köcheln lassen. Den Dressingansatz abkühlen lassen und dann das restliche **Rapsöl** und den **Balsamico-Essig** mit einem Stabmixer untermischen. Abschließend mit **Salz, Pfeffer** und **Zucker** abschmecken und mit gehackten **Kräutern** bestreuen.

Björns Universal-French-Dressing

(Foto auf Seite 105)

ZUTATEN

3	Eier
400 ml	Pflanzenöl
1/2 Bund	Petersilie (kraus)
1 Zehe	Knoblauch
1 EL	Pommery-Senf (gekörnt)
1 EL	Dijon-Senf
100 ml	Wasser
1 TL	Salz
1 TL	weißer Pfeffer (aus der Mühle)
1 EL	Zucker

ZUBEREITUNG

ca. 15 Minuten

Die **Eier** mit einem Handrührer schaumig schlagen. Dann unter ständigem Rühren das **Pflanzenöl** zugießen, bis die Sauce fest wird und emulgiert. **Petersilie** waschen und fein hacken. **Knoblauch** schälen und extrafein würfeln. Beides in die Sauce geben und mit **Senf** und **Wasser** verrühren. Abschließend mit **Salz, Pfeffer** und **Zucker** abschmecken.

Salatdressing

Cranberry-Walnuss-Sauce

ZUTATEN

150 g	Cranberrys (frisch oder getrocknet)
2–3 TL	Zucker
ca. 200 ml	Wasser (bei getrockneten Cranberrys, ca. 100 ml bei frischen)
5 EL	Walnusskerne
4 EL	Walnussöl
	schwarzer Pfeffer (aus der Mühle)

ZUBEREITUNG

ca. 15 Minuten

Bei frischen **Cranberrys** (150 g) weiche Beeren und Stiele aussortieren, kalt abwaschen. Aus **Zucker** (2–3 TL) und **Wasser** (ca. 200 ml) durch Aufkochen eine Lösung herstellen. Cranberrys darin aufkochen und abkühlen lassen. **Walnusskerne** (5 EL) hacken und zusammen mit dem **Walnussöl** (4 EL) zu dem Cranberrysud geben. Gründlich verrühren und mit **Pfeffer** abschmecken. (Getrocknete Cranberrys vor dem Aufkochen etwa 10 Minuten in dem Zuckerwasser einweichen.)

Die Cranberry-Walnuss-Sauce kann man als Dressing für Salate mit Wild (kalt aufgeschnitten) oder als lauwarme Sauce verwenden.

Brunnenkresse-Pesto

ZUTATEN

1 Bund	Brunnenkresse
1	Zwiebel (mittelgroß)
200 ml	Gemüse- oder Fleischbrühe
6 EL	Rapsöl
	Salz
	weißer Pfeffer (aus der Mühle)

ZUBEREITUNG

ca. 15 Minuten

Brunnenkresseblättchen (von 1 Bund) abzupfen, waschen und fein schneiden. **Zwiebel** (1) schälen, fein würfeln, in der **Brühe** (200 ml) kurz aufkochen und abkühlen lassen. Dann die Zwiebelbrühe mit dem **Rapsöl** (6 EL) und etwas **Salz** und **Pfeffer** mixen. Die Kresseblättchen unterrühren.

Brunnenkresse-Pesto passt wunderbar zu allen Salaten, zu rohem Fleisch wie zum Beispiel Rindertartar und auch zu gebratenem weißen Fisch.

Cranberry-Walnuss-Sauce

Brunnenkresse-Pesto

Björns Universal-French-Dressing

(Rezept auf Seite 102)

Minz-Marzipan-Pesto

Safran-Curry-Aioli

Minz-Marzipan-Pesto

ZUBEREITUNG

ca. 15 Minuten

Die **Minze** in feine Streifen schneiden, nicht hacken, da sonst
12 Blätter
die ätherischen Öle austreten und die Minze grau wird. Nun
erst **Marzipan** mit **Kirschwasser**, dann **Puderzucker** und Minze
30 g 2 cl 25 g
unterheben. Zuletzt in einem dünnen Strahl das **Pflanzenöl** mit
100 ml
einem Schneebesen unterrühren.

Das Minz-Marzipan-Pesto passt wunderbar zu Desserts, zum Beispiel zu Björns Stollen auf Seite 86.

ZUTATEN

12 Blätter	Minze
30 g	Marzipan
2 cl	Kirschwasser
25 g	Puderzucker
100 ml	Pflanzenöl

Safran-Curry-Aioli

ZUBEREITUNG

ca. 10 Minuten

Eier etwa 30 Minuten vor der Zubereitung aus dem Kühlschrank
nehmen, damit sie Zimmertemperatur haben. Den **Knoblauch**
1/2 Zehe
schälen, fein pressen, mit **Eigelb, Zucker** und **Salz** verrühren.
3 1 TL 1 Prise
Das **Olivenöl** zunächst tropfenweise, dann in einem dünnen
250 ml
Strahl zugießen und mit dem Handmixer zu Creme aufschlagen.
Zitronensaft, Safran und **Currypulver** einrühren. Abschließend
1 EL 1 Prise 1 Prise
mit **Salz, Pfeffer** und **Cayennepfeffer** abschmecken und beim
1 Msp.
Anrichten eventuell mit einigen **Safranfäden** bestreuen.

Die Safran-Curry-Aioli eignet sich hervorragend zu allen gegrillten oder frittierten Fleischsorten. Siehe auch Rezept „Gambas in Bärlauchtempura mit Safran-Curry-Aioli“ auf Seite 61.

ZUTATEN

1/2 Zehe	Knoblauch
3	Eigelb
1 TL	Zucker
1 Prise	Salz
250 ml	Olivenöl
1 EL	Zitronensaft
1 Prise	Safran (gemahlen)
1 Prise	Currypulver
	weißer Pfeffer (aus der Mühle)
1 Msp.	Cayennepfeffer
	evtl. Safranfäden

Süße Senfsauce
Apfelsenf

Süße Senfsauce

ZUBEREITUNG
ca. 10 Minuten

Das **Pflanzenöl** mit **Senf, Zucker, Kräuteressig** und **Dill** in einem
200 ml 100 g 50 g 3 EL 1/2 Bund
Mixbecher zu einer cremigen Sauce vermischen, mit **Salz** und **Pfeffer** abschmecken und kalt stellen.

Die süße Senfsauce passt mit gehacktem Dill zu allen kalten Fischvorspeisen (zum Beispiel geräuchert oder gebeizt), als Sauce zu Bratenaufschnitt oder Roastbeef.

ZUTATEN

200 ml	Pflanzenöl
100 g	Senf (mittelscharf)
50 g	Zucker
3 EL	Kräuteressig
1/2 Bund	Dill (ca. 2 EL)
	Salz
	schwarzer Pfeffer (aus der Mühle)

Apfelsenf

ZUBEREITUNG
ca. 10 Minuten

Zubereitung wie „Süße Senfsauce", verfeinert mit ganz fein gehackten, untergemischten Apfelstückchen vom **Braeburn-Apfel.**
1

Der Apfelsenf passt zu gebratener Leber und Wildgeflügel oder kann einfach als Dip für Brot verwendet werden.

ZUTATEN

200 ml	Pflanzenöl
100 g	Senf (mittelscharf)
50 g	Zucker
3 EL	Kräuteressig
1/2 Bund	Dill (ca. 2 EL)
	Salz
	schwarzer Pfeffer (aus der Mühle)
1	Apfel (Braeburn, geschält)

Tzatziki

ZUTATEN

300 g	Schafsmilchjoghurt (griechischer)
1–2 Zehen	Knoblauch (Menge nach Geschmack)
1	Salatgurke
1 TL	Salz
1 TL	Zucker
1 Bund	Minze (frisch)
1 Bund	Dill
50 ml	Olivenöl
	schwarzer Pfeffer (aus der Mühle)

ZUBEREITUNG

ca. 15 Minuten (plus 60 Minuten Ruhezeit)

Joghurt 300 g in eine Schüssel geben, **Knoblauch** 1–2 Zehen schälen und dazupressen. **Gurke** 1 schälen, erst quer, dann längs halbieren. Die Kerne mit einem kleinen Löffel herausschaben und die Gurke in kleine Würfel schneiden, **salzen,** 1 TL **zuckern** 1 TL und in einem Sieb abtropfen lassen. **Minze** 1 Bund und **Dill** 1 Bund abbrausen, abzupfen und bis auf einige Dillblättchen fein hacken. Zusammen mit den Gurkenwürfeln und dem **Olivenöl** 50 ml zum Joghurt geben, **salzen, pfeffern** und gut durchmischen. Zugedeckt mindestens 1 Stunde kalt stellen. Vor dem Servieren nochmals abschmecken und mit den restlichen Dillblättchen garnieren.

Tzatziki eignet sich zu allen Grillgerichten.

Paprika-Sugo

ZUTATEN

3 Schoten	Paprika (rot)
2	Zwiebeln (klein)
2 EL	Butter
2 EL	Tomatenmark
1 TL	Paprikapulver (edelsüß)
1 Msp.	Cayennepfeffer
	schwarzer Pfeffer (aus der Mühle)
	Salz
100 ml	Sahne

ZUBEREITUNG

ca. 30 Minuten

Paprika 3 Schoten waschen, halbieren und von Kernen und Trennwänden befreien. Mit der Hautseite nach oben 10 Minuten unter den Grill legen, bis die Haut braun wird und Blasen wirft – dann diese vorsichig abziehen. Alternativ kann man die Paprika auch mit einem Sparschäler schälen. Die **Zwiebeln** 2 schälen, fein hacken und in **Butter** 2 EL glasig dünsten. Die Paprika in feine Streifen schneiden und etwa 5 Minuten mitdünsten. **Tomatenmark** 2 EL und **Paprikapulver** 1 TL unterrühren, **pfeffern, salzen, Sahne** 100 ml zufügen und kurz aufkochen. Das Ganze mit dem Mixstab pürieren, zur gewünschten Konsistenz einkochen und nochmals abschmecken.

Dieser Paprika-Sugo schmeckt warm und kalt und eignet sich auch für Pastagerichte.

(Rezept auf Seite 112)

Paprika-Feta-Dip

(Foto auf Seite 111)

ZUTATEN

3 Schoten	Paprika (rot)
2 Schoten	Paprika (grün)
150 g	Feta
300 g	Schafsmilchjoghurt
2–3 Zehen	Knoblauch
2 EL	Pinienkerne
4 EL	Olivenöl
	Salz
	schwarzer Pfeffer (aus der Mühle)
1 TL	Paprikapulver (mittelscharf)

ZUBEREITUNG

ca. 30 Minuten (plus 60 Minuten Ruhezeit)

Backofen auf 250 °C vorheizen. **Paprika** alle 5 Schoten waschen, halbieren und von Kernen und Trennwänden befreien. Mit der Hautseite nach oben auf den Rost legen und ca. 15 Minuten garen, bis die Haut braun wird und Blasen wirft. In der Zwischenzeit den **Feta** 150 g in eine Schüssel geben und mit einer Gabel zerdrücken, **Joghurt** 300 g zufügen. **Knoblauch** 2–3 Zehen schälen und dazupressen. **Pinienkerne** 2 EL in einer Pfanne ohne Fett hellbraun rösten. Paprikahälften aus dem Ofen nehmen, etwas abkühlen lassen, häuten und fein hacken. Zusammen mit den gerösteten Pinienkernen und **Olivenöl** 4 EL unter den Joghurt mischen, mit **Salz**, **Pfeffer** und **Paprikapulver** 1 TL abschmecken und im Kühlschrank mindestens 30 Minuten durchziehen lassen.

Der Paprika-Feta-Dip eignet sich als Brot- und Gemüsedip.

Cashewkern-Dip

ZUTATEN

1/2 Bund	Rucola
100 g	Cashewkerne
100 ml	Kokosmilch
1 EL	Wildblütenhonig
1/2 TL	Currypaste (rot)
1 TL	Limettensaft
	Salz
	weißer Pfeffer (aus der Mühle)

ZUBEREITUNG

ca. 10 Minuten

Rucola 1/2 Bund waschen, putzen und zerzupfen. **Cashewkerne** 100 g grob hacken und dann mit Rucola, **Kokosmilch** 100 ml, **Wildblütenhonig** 1 EL, **Currypaste** 1/2 TL und **Limettensaft** 1 TL im Mixer zu einem cremigen Dip pürieren. Mit **Salz** und **Pfeffer** abschmecken.

Der Cashewkern-Dip passt zu Staudensellerie, allen bissfest gegarten, knackigen Gemüsesorten oder auch zu „Karotten-Mais-Bällchen" (siehe Rezept auf Seite 126).

Cashewkern-Dip

Geeiste Parmesansauce

ZUBEREITUNG

ca. 30 Minuten (plus 3 Stunden Kühlzeit)

Den **Kalbsfond** (100 ml) mit **Sahne,** (100 ml) **Milch,** (100 ml) **Salz, Pfeffer** und **Muskatnuss** aufkochen und bei mittlerer Hitze um ein Viertel reduzieren. Dann den Topf von der Kochstelle nehmen und ca. 10 Minuten abkühlen lassen. Den **Parmesan** (100 g) reiben, dazugeben und bei schwacher Hitze etwa 5 Minuten verrühren. Durch ein feines Sieb passieren und mindestens 3 Stunden kalt stellen.

Die geeiste Parmesansauce passt besonders gut zu kaltem Bratenaufschnitt, Räucherlachs und kalten Thunfischgerichten.

ZUTATEN

100 ml	Kalbsfond
100 ml	Sahne
100 ml	Milch
	Salz
	weißer Pfeffer (aus der Mühle)
	Muskatnuss (frisch gerieben)
100 g	Parmesan

ZUTATEN

5 Zehen	Knoblauch
100 ml	Milch
250 ml	Geflügelfond
50 g	Butter
100 ml	Sahne
1 TL	rosa Pfeffer (eingelegt)
	Salz
	Zucker
	Muskatnuss (frisch gerieben)

ZUBEREITUNG

ca. 10 Minuten

Den **Knoblauch** (5 Zehen) schälen, klein schneiden, mit der **Milch** (100 ml) aufkochen und etwa 2 Minuten köcheln lassen. Dann passieren und die Milch wegschütten. Knoblauch mit **Geflügelfond** (250 ml), **Butter** (50 g), **Sahne** (100 ml) und **rosa Pfeffer** (1 TL) aufkochen, ca. 5 Minuten bei mittlerer Hitze köcheln lassen und abschließend mit **Salz**, **Zucker** und **Muskatnuss** abschmecken. Vor dem Servieren kurz aufschäumen.

Der Rosa-Pfeffer-Knoblauchschaum passt besonders gut zu gegrilltem und kurz gebratenem Rind.

Rosa-Pfeffer-Knoblauchschaum

ZUTATEN

750 g	Kartoffeln (klein, festkochend)
350 g	Zwiebeln (klein)
2 EL	Olivenöl
	Alufolie
4 EL	Balsamico-Essig (dunkel)
1 Zweig	Thymian
	Salz
	schwarzer Pfeffer (aus der Mühle)

ZUBEREITUNG

ca. 15 Minuten (plus ca. 45 Minuten Garzeit)

Kartoffeln (750 g) waschen, schälen und halbieren. Die **Zwiebeln** (350 g) schälen und dabei die Wurzelansätze intakt lassen, damit die Zwiebeln nicht auseinanderfallen. Dann in ca. 2 cm dicke Spalten schneiden. **Olivenöl** (2 EL) in eine ofenfeste, flache Form gießen und die Kartoffeln und Zwiebeln so lange darin wenden, bis alles mit Öl überzogen ist. Dann mit Alufolie bedecken und im vorgeheizten Backofen bei 200 °C etwa 20 Minuten garen. Die Folie abnehmen und den Ofen auf 230 °C erhitzen. **Balsamico-Essig** (4 EL), **Thymian** (1 Zweig), **Salz** und **Pfeffer** untermischen und unter gelegentlichem Umrühren ca. 20 bis 30 Minuten weiterbacken, bis alles gebräunt ist und die Kartoffeln schön knusprige Ränder entwickelt haben.

Gebackene Balsamico-Kartoffeln passen sehr gut zu allen mediterranen Grillgerichten.

Gebackene Balsamico-Kartoffeln

Lauch-Kartoffel-Gratin

ZUBEREITUNG

ca. 15 Minuten (plus ca. 30 Minuten Garzeit)

Die **Kartoffeln** schälen und in feine Scheiben hobeln. In **Milch** und **Sahne** aufkochen, bis die Kartoffelstärke bindet. **Porree** putzen, waschen, in feine Ringe schneiden, kurz blanchieren und mit kaltem Wasser abschrecken. Zusammen mit dem **Schmelzkäse** und etwas **Zitronensaft** unter die Kartoffeln mischen. Mit **Salz, Pfeffer** und **Muskatnuss** abschmecken und in einer Auflaufform flach verteilen. Im vorgeheizten Ofen bei 180 °C ca. 30 Minuten garen. Ringförmig ausstechen und anrichten.

Eine schöne Alternative zu den üblichen Auflaufformen sind kleine Soufflëförmchen. Auf diese Weise ist das Gratin bereits portioniert.

Das Lauch-Kartoffel-Gratin ist eine schöne Beilage zu Fisch und Fleisch, kann aber auch als eine kleine vegetarische Speise serviert werden.

ZUTATEN

5	Kartoffeln (mehlig kochend)
200 ml	Milch
200 ml	Sahne
1 Stange	Porree
50 g	Schmelzkäse
1 EL	Zitronensaft
	Salz
	schwarzer Pfeffer (aus der Mühle)
	Muskatnuss (frisch gerieben)

ZUTATEN

1	Süßkartoffel (groß)
300 ml	Milch
1	Apfel
2 EL	Butter
	Salz
	weißer Pfeffer (aus der Mühle)
	Muskatnuss (frisch gerieben)

ZUBEREITUNG

ca. 30 Minuten

Die **Süßkartoffel** schälen und in kleine Würfel schneiden, anschließend in der **Milch** zugedeckt ca. 30 Minuten köcheln lassen. **Apfel** schälen, das Kerngehäuse entfernen, ebenfalls fein würfeln und nach ca. 20 Minuten zu der Süßkartoffel geben. Etwa 10 Minuten mitziehen lassen, die **Butter** zufügen und mit **Salz, Pfeffer** und **Muskatnuss** abschmecken. Dann mit einem Kartoffelstampfer zu einem groben Püree stampfen und heiß anrichten.

Dieses Püree ist eine leckere Beilage zu gegrilltem Geflügel.

Apfel-Süßkartoffel-Püree

Grüner Grillspargel

ZUBEREITUNG

ca. 15 Minuten

Spargel waschen, putzen und im unteren Drittel schälen.
500 g
Olivenöl mit dem **Zitronenabrieb** verrühren und mit **Salz** und
6 EL von 1/2 Zitrone
Pfeffer abschmecken. Den Spargel mit etwa der Hälfte davon dünn bestreichen und auf der mittleren Schiene im vorgeheizten Backofen (Stufe: Grillen, 250 °C) unter mehrmaligem Wenden ca. 6 bis 8 Minuten grillen. **Rucola** waschen, putzen, zerzupfen und
100 g
auf Tellern verteilen. **Pinienkerne** in einer Pfanne ohne Fett leicht
30 g
anrösten und den **Parmesan** in hauchdünne Scheiben hobeln.
50 g

Den Grillspargel auf dem Rucola anrichten, mit dem restlichen **Zitronenöl** beträufeln und mit den gerösteten Pinienkernen und den Parmesanscheiben bestreuen.

Grünen Grillspargel kann man als kleine Vorspeise oder als Beilage zu Fisch- und Fleischgerichten servieren.

ZUTATEN

500 g	Spargel (grün)
6 EL	Olivenöl
	Abrieb einer 1/2 Zitrone
	Salz
	weißer Pfeffer (aus der Mühle)
100 g	Rucola
30 g	Pinienkerne
50 g	Parmesan

ZUTATEN

150 g	Karotten
2	Eier
2	Eigelb
2 EL	Maismehl (Polenta)
	Salz
	weißer Pfeffer (aus der Mühle)
1/2 TL	Currypaste (rot)
100 g	Cornflakes
15 g	Ingwer
100 g	Maiskörner (frisch)
1/2 Bund	Koriander
	Butterschmalz

ZUBEREITUNG

ca. 20 Minuten

Karotten (150 g) waschen, putzen und grob raspeln. Dann mit **Eiern,** (2) **Eigelb** (2) und **Maismehl** (2 EL) vermischen und mit **Salz, Pfeffer** und **Currypaste** (1/2 TL) abschmecken. Die **Cornflakes** (100 g) fein zerbröseln, **Ingwer** (15 g) schälen, extrafein würfeln und zusammen mit den **Maiskörnern** (100 g) unter die Teigmasse heben. **Koriander** (1/2 Bund) waschen, Blättchen abzupfen, ganz fein schneiden und gut mit dem Teig verkneten. (Koriander ist sehr intensiv, daher je nach Geschmack 1 bis 2 Esslöffel verwenden.) Mit angefeuchteten Händen wallnussgroße Bällchen formen und in einer Pfanne mit **Butterschmalz** bei mittlerer Temperatur von allen Seiten goldbraun anbraten.

Die Karotten-Mais-Bällchen können warm oder kalt gegessen werden. Sie passen gut zu allen Salaten oder aber auch solo zu einem Dip Ihrer Wahl.

Karotten-Mais-Bällchen

mit Ingwer und Koriander

ZUTATEN

10 g	Ingwer
2 Stangen	Zitronengras
250 ml	Geflügel- oder Gemüsebrühe
1	Gemüsezwiebel
2	Karotten (mittelgroß)
20 g	Butter
200 g	Linsen (rot)
1 EL	Currypulver (Madras)
200 ml	Kokosmilch
10 ml	Limonensaft
	Salz
	Zucker
	weißer Pfeffer (aus der Mühle)

ZUBEREITUNG

ca. 20 Minuten

Ingwer 10 g schälen und mit dem **Zitronengras** 2 Stangen in **Brühe** 250 ml aufkochen, von der Herdplatte nehmen und mindestens 10 Minuten ziehen lassen. **Gemüsezwiebel** 1 und **Karotten** 2 schälen und in feine Würfel schneiden. Dann in einem Topf mit **Butter** 20 g bei mittlerer Hitze anschwitzen. Die **Linsen** 200 g und das **Currypulver** 1 EL hinzufügen und leicht mitrösten. Nun mit der Brühe und der **Kokosmilch** 200 ml ablöschen und mit **Limonensaft** 10 ml, **Salz**, **Zucker** und **Pfeffer** abschmecken.

Das rote Linsenrisotto passt als Beilage ausgezeichnet zu Krustentieren und Geflügel.

Rotes Linsenrisotto

mit Curry und Kokos

IM RESTAURANT
„GOLDENER ANKER“

EIN BESUCH BEI BJÖRN FREITAG

Wer Björn Freitag und seine Kochkunst live erleben möchte, findet ihn in seiner Heimatstadt Dorsten im gerade aufwendig umgebauten „Goldenen Anker". Zusammen mit seinem Chefkoch David Spickermann kocht er hier für bis zu 30 Gäste am Abend.

Der „Goldene Anker" kann bereits auf eine 100-jährige Tradition zurückblicken. Unter Björn Freitags Regie, der das Restaurant von seinen Eltern übernommen hat, wurde aus dem „Goldenen Anker" und seiner gutbürgerlichen Küche ein Gourmettempel mit ausgezeichneter Sterneküche.

Nicht nur in seinem Restaurant stellt Björn Freitag seine Kochkunst unter Beweis, sondern auch bei Events und Galadiners sowie mehrfach wöchentlich im Fernsehen. Dort zeigt er, dass ambitioniertes Kochen auch mit kleinem Geldbeutel und begrenztem Aufwand gelingt.

Lippetor 4 I 46282 Dorsten I Tel.: 0 23 62/2 25 53

Informationen zum Restaurant und zur Anfahrt:

www.bjoern-freitag.de

PLATZ FÜR IHRE NOTIZEN

DANK

Justyna Krzyzanowska, Johanna Hänichen, Ilona Schyma, Vanessa Peters, Claudia Wester und der Lektorin Doreen Köstler danken wir für die Begeisterung, das persönliche Engagement und die Ausdauer, ohne die ein ambitioniertes Projekt wie dieses nicht machbar wäre.

Björn Freitag, Hubertus Schüler, Michael Piater, David Spickermann, Rafael Pranschke und Jean-Claude Aerts gilt unser Dank für die wunderbaren Rezepte und Fotos und die vielen „Sonderschichten", ohne die das Buch nicht so schön und nicht pünktlich fertig geworden wäre.

Wir danken für die Unterstützung bei der Dekoration und beim Styling:

Keramische Werkstatt Margaretenhöhe GmbH, Essen-Katernberg (www.kwm1924.de)

Fa. Franzen, Düsseldorf (www.franzen.de)

ASA Selection GmbH, Höhr-Grenzhausen (www.asa-selection.de)

INDEX

A

B

C

D

E

F

G

H

I

J

K

L

M

N

O

P

R

S

T

W

Z

IMPRESSUM

Hinweis
Alle Ratschläge/Informationen in diesem Buch sind von Autor und Verlag sorgfältig erwogen und geprüft. Dennoch kann eine Garantie nicht übernommen werden. Eine Haftung des Autors bzw. des Verlags und seiner Beauftragten für Personen-, Sach- und Vermögensschäden ist ausgeschlossen.

ISBN 978-3-517-08587-6

9817 2635 4453 6271

FOOD-FOTOGRAFIE Hubertus Schüler

MOOD-FOTOGRAFIE Raphael Schmitz

FOTOASSISTENZ Benedikt Koester

PORTRÄT-FOTOGRAFIE Sandra Czerny

FOODSTYLING Rafael Pranschke

DEKO, STYLING Jean-Claude Aerts

REDAKTIONSLEITUNG FÜR DIESE AUSGABE

Susanne Kirstein

LAYOUT, DTP, GESAMTPRODUCING

Makro Chroma Joest & Volk OHG,

Werbeagentur, Hilden

IDEE, PROJEKTREDAKTION Ralf Joest

BILDREDAKTION Dipl.-Des. Justyna Krzyzanowska

KORREKTORAT Doreen Köstler

UMSCHLAGGESTALTUNG

Dipl.-Des. Justyna Krzyzanowska

LITHOGRAFIE Makro Chroma Joest & Volk OHG,

Werbeagentur, Hilden

DRUCK UND VERARBEITUNG

Mohn media Mohndruck GmbH, Gütersloh

Printed in Germany

FSC
Mix
Produktgruppe aus vorbildlich bewirtschafteten Wäldern und anderen kontrollierten Herkünften

Zert.-Nr. SGS-COC-001425
www.fsc.org
© 1996 Forest Stewardship Council

Verlagsgruppe Random House
FSC-DEU-0100
Das für diesen Titel verwendete FSC-zertifizierte Papier Galaxi Keramik wurde produziert von Sappi Ehingen und geliefert durch die Papierunion.